東洋経済

相続・贈与

防衛増税

大増税時代の渡り方

社会保険

インボイス

新NISA

週刊東洋経済ｅビジネス新書　No.454

大増税時代の渡り方

本書は、東洋経済新報社刊『週刊東洋経済』２０２３年2月4日号より抜粋、加筆修正のうえ制作しています。情報は底本編集当時のものです。（標準読了時間　１２０分）

大増税時代の渡り方　目次

重税感が増す国民

次は子育て増税か

「従来とは次元の異なる子育て政策を実現したい。将来的な子ども・子育て予算倍増に向けた大枠を提示する」。2023年1月23日の通常国会の施政方針演説で岸田文雄首相は言い切った。

大増税の嵐が吹き荒れている。

2022年12月には税制改正大綱の策定に駆け込むように「防衛増税」が浮上。政府は防衛力強化のために5年間で43兆円の防衛費を計画し、歳出削減や税外収入で賄えない分は法人税増税などを充てることを決定した。

その後、増税か国債発行かで自民党内が二分され、実施については「24年以降の適切な時期」とあいまいな表現にとどまっている。

防衛増税だけではない。岸田内閣は少子化対策を最重要と位置づけて「子ども・子育て予算倍増」にも言及した。4月に発足するこども家庭庁の予算が4・8兆円だから、少なくとも倍の10兆円規模はあるだろう。児童手当の増額や所得制限撤廃が期待される中、財源には消費増税が噂されるなど、駆け引きは活発化している。

所得・法人・消費税の基幹3税のうち、1%アップで約2兆円が入る消費税は最も安定した財源。社会保険料アップも候補に挙がるが、兆円単位の捻出は簡単でない。

少子化の進行は著しい。2021年の合計特殊出生率は1・30で、2022年の出生数は初の80万人割れが確実だ。少子化は先進国共通の課題であり、中国は1・2を切り、韓国は0・8台の水準。経済活動を支える担い手が減れば、国や企業が成長するのは難しい。

30億円超富裕税の舞台裏

政治の世界にはつきものだが、それにしても今回の税制改正では〝取引〟は目立った。

2025年から導入される年間所得30億円超の超富裕層向けの最低負担措置。所得が1億円を超えると税負担率が下がる1億円の壁を、格差是正にこだわる岸田首相はかねて問題視していた。

だが、首相就任後の2021年秋、金融所得課税引き上げを持ち出したことで、株式市場が急落。「岸田ショック」と揶揄された。改めて超富裕層に焦点を当てたわけだが、それでも年収30億円超となると、日本で200~300人しかいない。税収効果は低い。

「本当は最初、年収10億円（まで対象者を広げるはず）だったんだよね。それが官邸から『待った』がかかっちゃって」

ある税調幹部は漏らす。止めたのは木原誠二官房副長官だったとの見方がもっぱらである。なぜなら、税制改正の最大の目玉がまず新NISA（少額投資非課税制度）で、次にスタートアップ支援だからだ。世論にマイナスになる材料は少しでも避けたかった。
とりわけＮＩＳＡは岸田首相が２０２２年、英金融街シティーや米ニューヨーク証券取引所の講演で大幅拡充を表明。後には引けない。すでに１０００万口座に及ぶＮＩＳＡに対し、生涯投資額１８００万円まで無期限で非課税と、大盤振る舞いが決定したのである。

今や、税と社会保険を合わせた国民負担率は４６・５％にも達しており、重税感は増す一方だ。さらに今回は税収全体ではわずかしかない相続税にもメスが入った。生前贈与の相続加算が３年間から７年間に延長され、節税手段はますます狭まっている。相続税の課税割合は２０１４年の４・４％から２１年には９・３％まで高まった。

そんな時代だからこそ、今のうちにやれることはやっておきたい。次章からは生前贈与からＮＩＳＡに至るまで、大増税時代の渡り方をお届けする。

（大野和幸）

次は“防衛増税”と“子育て増税”が来る？ ―税・社会保険の制度改正と今後のシナリオ―

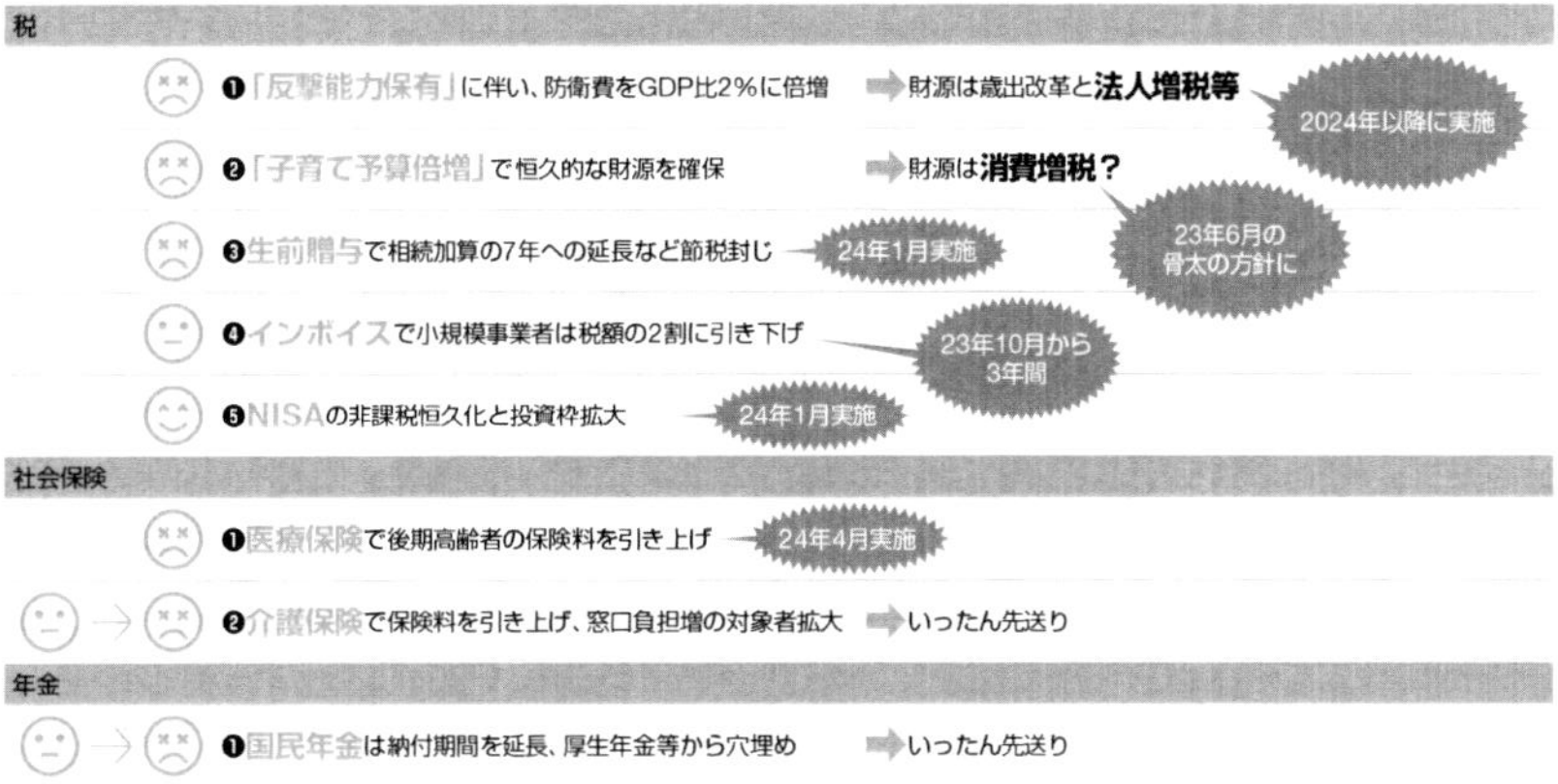
税
❶「反撃能力保有」に伴い、防衛費をGDP比2％に倍増
財源は歳出改革と法人増税等
2024年以降に実施
❷「子育て予算倍増」で恒久的な財源を確保
財源は消費増税？
23年6月の骨太の方針に
❸生前贈与で相続加算の7年への延長など節税封じ
24年1月実施
❹インボイスで小規模事業者は税額の2割に引き下げ
23年10月から3年間
❺NISAの非課税恒久化と投資枠拡大
24年1月実施
社会保険
❶医療保険で後期高齢者の保険料を引き上げ
24年4月実施
❷介護保険で保険料を引き上げ、窓口負担増の対象者拡大
いったん先送り
年金
❶国民年金は納付期間を延長、厚生年金等から穴埋め
いったん先送り

（出所）各種資料を基に東洋経済作成

精算課税に新非課税枠の衝撃

生前贈与のあり方が大きく変わる。2023年度税制改正を受けて、相続税・贈与税では、課税対象が大幅に拡大された2015年以来の抜本的な見直しになった。改正による主な影響（24年〜）を次表にまとめた。

◆ **親の死亡前7年間は生前贈与にならなくなる**
—2023年度税制改正による主な影響（24年〜）—

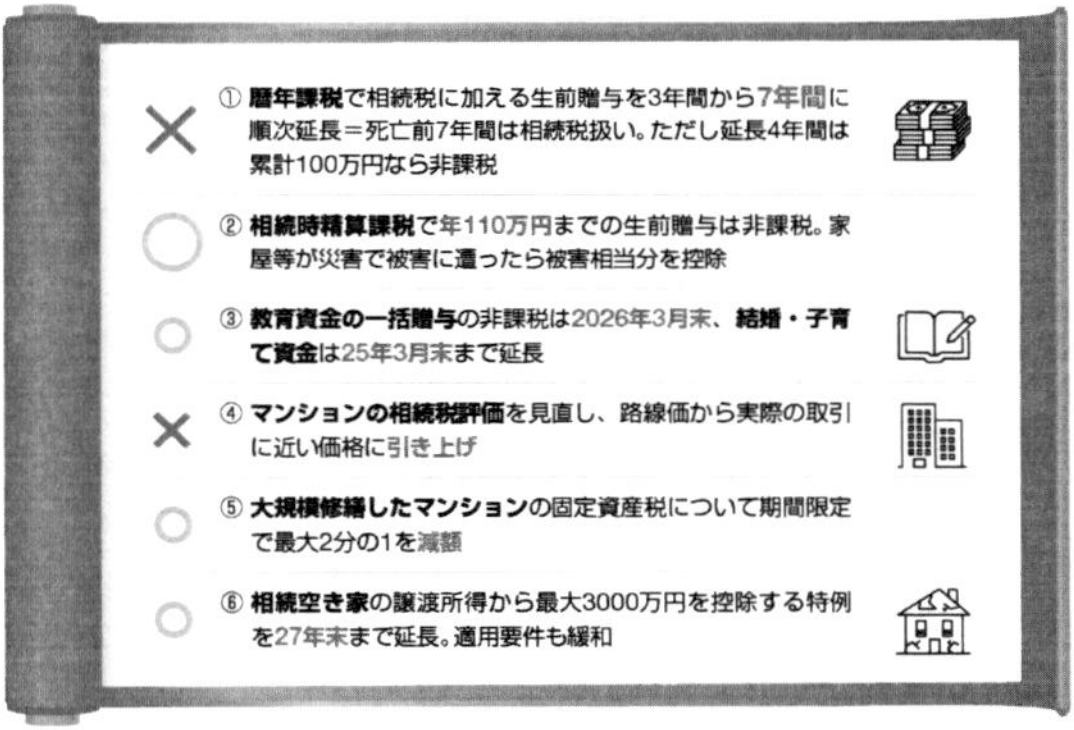

× ① 暦年課税で相続税に加える生前贈与を3年間から7年間に順次延長＝死亡前7年間は相続税扱い。ただし延長4年間は累計100万円なら非課税
○ ② 相続時精算課税で年110万円までの生前贈与は非課税。家屋等が災害で被害に遭ったら被害相当分を控除
○ ③ 教育資金の一括贈与の非課税は2026年3月末、結婚・子育て資金は25年3月末まで延長
× ④ マンションの相続税評価を見直し、路線価から実際の取引に近い価格に引き上げ
○ ⑤ 大規模修繕したマンションの固定資産税について期間限定で最大2分の1を減額
○ ⑥ 相続空き家の譲渡所得から最大3000万円を控除する特例を27年末まで延長。適用要件も緩和

（注）○はメリット、×はデメリット。マンションの固定資産税減額は2023・24年度の措置
（出所）「2023年度税制改正大綱」を基に東洋経済作成

最も変更されたのは暦年課税で相続加算の期間が3年間から7年間に延長されたことだ。

毎年、基礎控除の110万円までは贈与税がかからない暦年課税だが、相続が発生する(= 親が死亡する)と、贈与した金額が相続財産に加わって相続税が課される、〝持ち戻し〟というルールがある。現状では、相続発生からさかのぼって3年前からだが、改正で7年前へと期間が延びる。

つまり生前贈与をするなら、親にとって、子に贈与してから7年超は生きなければ節税の効果がない、ということだ。人生の晩年に7年先を予想するのは難しい。激変緩和を考えてなのか、延長4年間に計100万円までは相続加算しない措置も作られた。

精算課税にも110万円

これらは2024年1月1日からの贈与に適用される。正直、デメリットは大きく、現状のルールで駆け込むなら、残された時間は少ない。

一方、メリットもある。相続時精算課税で基礎控除110万円が新設されたことだ。

精算課税も年110万円まで非課税になった。

しかもこの110万円については、暦年課税と違い、持ち戻しのルールを当てはめなくてよい。つまり相続時にも相続財産に加算しなくていいのである。ちなみに精算課税には現状、特別控除の2500万円が持ち戻しの対象になっているが、これは従来と変わらず相続加算される。

選ぶなら暦年課税と精算課税のどちらか。相続発生7年前から毎年110万円を生前贈与するケースを見てみよう。


【暦年課税】
①年110万円を7年間贈与→770万円非課税
②7年後に相続発生で770万円は相続加算（延長）→非課税なし
③ただし延長4年間は計100万円なら加算なし（新設）→100万円非課税
【清算課税】
①年110万円を7年間贈与（新設）→770万円非課税
②7年後に相続発生でも770万円は相続加算なし→770万円非課税のまま

暦年課税では、7年間で770万円非課税になるが、相続時には持ち戻しによって相続財産に加算される。つまりこの分の非課税はなし。非課税の枠で残るのは延長4年間の100万円になる。

一方、精算課税でも、7年間で同じく770万円の非課税になるのは同様。ただし相続時には持ち戻しが適用されず、相続財産には加算されない。つまり非課税として丸々770万円残る。

結果、非課税の額は暦年課税が100万円で精算課税が770万円と、意外に差は大きい。少なくとも親からみて、あまり長生きできそうになければ（7年以内）、精算課税を選ぶほうが子により多くの財産を残せるわけだ。

ただし、精算課税でも8年以降の贈与では不利な場合もあり、注意したい。

なぜ生前贈与が得なのか

節税の王道は生前贈与によって相続財産を減らすのが基本である。よくあるのが暦年課税で年110万円を何年も贈与し、相続財産を減らすことによって、相続税の高い税率を回避する対策だ。

例えば親が1億円の財産を子に相続してもらうとする。税率は一律でなく、このうち1億円以下から5000万円超までは、最高税率30％がかかる。以下、税率20％、15％、10％と、財産の大きいほうから段階的に課税される。相続財産が1億円丸ごとなら、かかる相続税は1220万円だ。

では、生前贈与で5000万円渡し、財産を9500万円に減らすとどうなるか。贈与金額500万円にかかる贈与税は48・5万円。同時に相続財産は500万円減って9500万円になる。

減らせるのが最高税率30％の最も高い財産なのがポイント。結果、財産9500万円にかかる相続税は、1070万円だ。財産1億円にかかる相続税1220万円より150万円少なくて済む。

最終的に、相続財産1億円から500万円を生前贈与すれば、「かかる贈与税」48・5万円よりも「減らせる相続税」150万円のほうが大きい。差し引き101・5万円を節税できる。

◆ 贈与で相続財産を減らすのが節税の王道
—暦年贈与における負担率の推移—

①贈与金額（万円）	②税額（万円）	負担率（②／①、%）
110	0.0	0.0
200	9.0	4.5
300	19.0	6.3
400	33.5	8.4
500	48.5	9.7
600	68.0	11.3
700	88.0	12.6
800	117.0	14.6
900	147.0	16.3
1,000	177.0	17.7
2,000	585.5	29.3
3,000	1,035.5	34.5
4,000	1,530.0	38.3
5,000	2,049.5	41.0
10,000	4,799.5	48.0

年110万円までは贈与税が無条件でゼロ

相続税の負担率がこれ以上なら年500万円は贈与税を支払っても得

（注）親が18歳以上の子1人に贈与するケース
（出所）データ提供は円満相続税理士法人

前表は贈与税の負担率を表した表である。５００万円を贈与したときは贈与税が４８・５万円かかり負担率は９・７％。相続税の負担率がこれ以上なら、贈与税を支払っても、生前贈与をするほうが効果的といえよう。

（大野和幸）

生前贈与の正しく賢い使い方

税理士法人チェスター代表／公認会計士、税理士・荒巻善宏

いったい生前贈与にどう対応すればいいのか――。

2023年度税制改正大綱が決定し、注目されていた相続税の改正の内容が明らかになった。

振り返ると2021年・22年度の大綱。そこでは、「生前贈与がダメになるのでは」との懸念から、駆け込み贈与のブームが起こり、高い関心が寄せられていた。

生前贈与には2つの課税方式がある。現在の主流は暦年課税だ。受贈者（贈与を受ける者）1人につき、「毎年110万円」までの贈与が基礎控除とされて、非課税にな

る。110万円を超えた分に対しては、累進で税率10〜55%の贈与税がかかる仕組みである。

暦年課税では、例えば親から子に対して年110万円ずつ10年間贈与すると、計1100万円までは贈与税がかからない。毎年コツコツと利用する人は多い。

ただし相続時、つまり親が死亡したときからさかのぼって3年以内の贈与は非課税にならず、贈与した財産が相続財産に加算され相続税を課される〝持ち戻し〟というルールがある。ここがミソだ。

加算期間7年間の影響

2024年1月1日から適用される今回の改正では、暦年課税では相続財産に加算される期間が相続前3年間から相続前「7年間」へと延長された。つまり相続税の対象になる期間が3年間から7年間へと拡大されたのである。

2024年以降、贈与にかかる加算期間は、1年間ずつ、過去へと段階的に延長されていく。2028年1月1日に相続（死亡）する場合、相続加算は24年1月1日以降の贈与から4年間だ。29年死亡なら相続前の5年間で、30年死亡なら相続前6年間。31年死亡であれば、相続前7年間の贈与が相続財産に加算されてしまう。

生前贈与の相続加算を避けたいのであれば、「延長される2024年1月1日より前に贈与しよう」との思考が働く。もうタイムリミットは近い（例外として延長4年間に受けた贈与のうち、計100万円までは相続財産に加算されない）。

◆ 2024年贈与から延長、最大7年間は相続扱いに ―暦年課税における相続加算の期間延長―

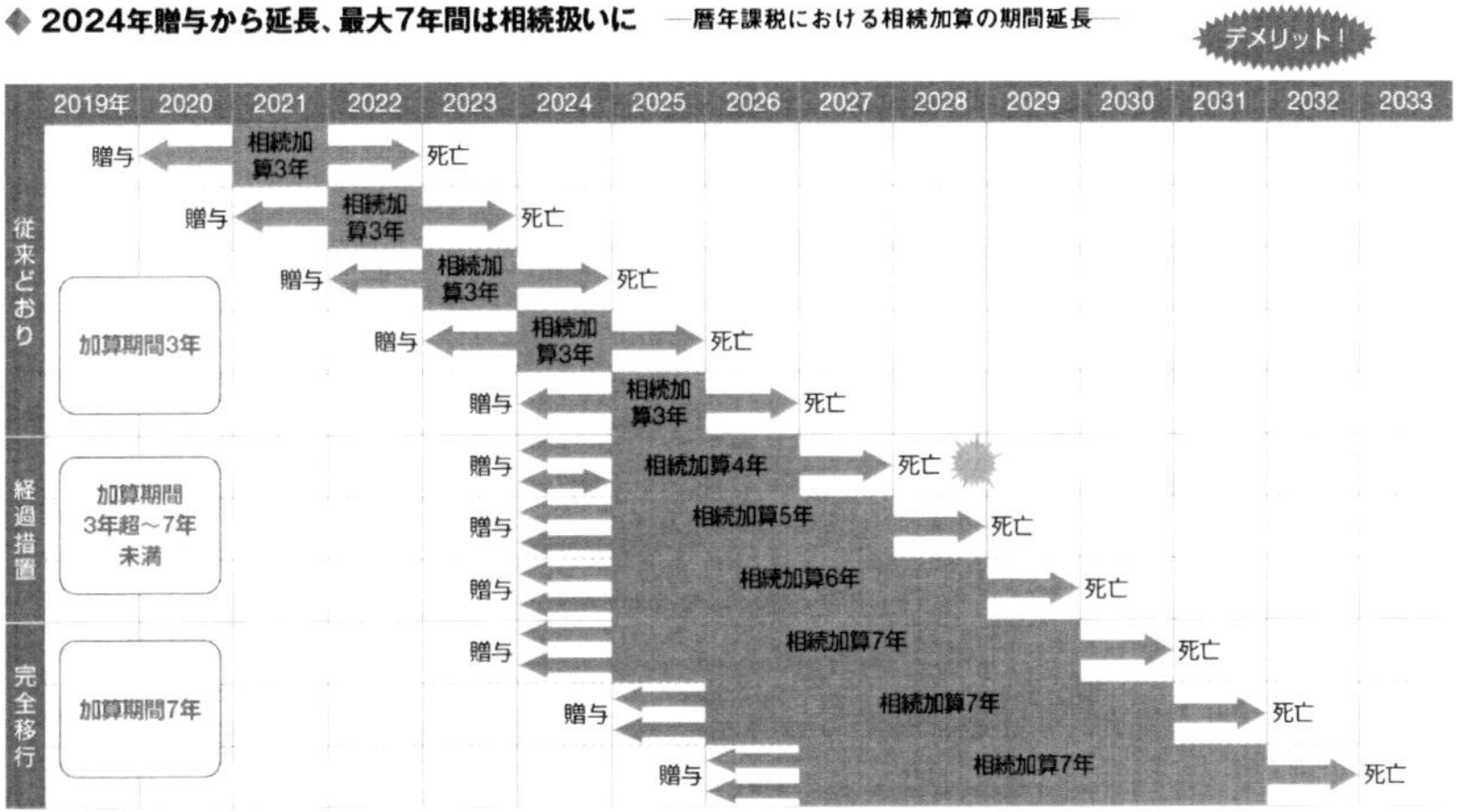

(注1)暦年課税は年110万円まで非課税
(注2) 赤矢印の先から先までは相続前贈与の加算期間を示す
(注3) 相続前贈与の加算期間は、24年1月1日贈与のケースから、現行の3年間より順次過去にさかのぼって延長される
(注4) 延長した加算期間に受けた贈与(青矢印)については、総額100万円まで相続財産に加算されない
(出所)「2023年度税制改正大綱」を基に筆者作成

一方、生前贈与には暦年課税と別に、相続時精算課税もある。60歳以上の父母か祖父母から、18歳以上の子か孫に対する贈与だ。

精算課税では累計2500万円までの贈与が非課税。贈与財産から特別控除の2500万円を差し引いた分にのみ、一律で税率20%の贈与税がかかる仕組み。ただし、親が死亡したとき、贈与財産は相続財産にすべて加算され相続税を課されて、すでに納めた贈与税額を引くようになっている。

相続発生時に加算される贈与財産は過去の贈与時の価額に固定されるので、将来値上がりしそうな不動産や株を贈与するなら、精算課税にもメリットがなくはない。従来、精算課税を選ぶと暦年課税を使えないなど使い勝手が悪く、利用する人は少なかった。

ところが、今回の改正ではもう1つ、大きな見直しがあった。

それは精算課税にも、「毎年110万円」までの基礎控除が創設され、非課税になることだ。しかもこの金額は相続時でも持ち戻しの適用外で相続財産に加算されない。加算され贈与税がかかるのは、毎年の贈与のうち、110万円を除く贈与の累計が

2500万円を超えた分である。

暦年課税でも精算課税でも、生前贈与がより複雑になったのは間違いない。以下、ポイントについて、事例を挙げて解説したい。

非課税を最大化する対策

①精算課税は相続前7年なら暦年課税より確実に有利

2024年から毎年110万円を7年間にわたって計770万円贈与する場合、精算課税も暦年課税も贈与税はかからない。

だが7年後の相続時、暦年課税では持ち戻しによって、贈与額の670万円（＝贈与額110万円 × 7年間 − 控除額100万円）が相続財産に加算される。一方、精算課税では基礎控除の毎年110万円はずっと持ち戻しなしなので、贈与額の相続加算はゼロ。精算課税のほうがはるかに有利だ。

では、毎年110万円を超える金額を10年間贈与すれば、それぞれどうなるか。例えば、年200万円を10年間贈与し、10年後に相続が発生する場合、贈与する額は計2000万円である。

暦年課税の贈与税額は、（贈与額200万円－基礎控除110万円）×税率10％で年9万円が10年間として90万円。一方で精算課税の贈与税額は、年110万円を超える贈与額900万円（90万円×10年間）が特別控除2500万円の枠内なので、ゼロである。

そこから相続発生時、暦年課税では1300万円（＝贈与額200万円×7年間－控除額100万円）が相続財産に加算される。一方、精算課税では900万円（＝贈与額2000万円－基礎控除110万円×10年間）が加算され、相続税の対象となる。ここでも精算課税が有利だ。

②精算課税で基礎控除と特別控除を利用

精算課税の基礎控除110万円と特別控除2500万円で最も効果的な組み合わせ

はどこか。

例えば、20年間を前提に、基礎控除の年110万円を毎年贈与すると、2200万円まで非課税。加えて、特別控除の2500万円を20年間で割ると、非課税を超えないのはおおよそ年120万円。併せて毎年230万円を20年間＝計4600万円を精算課税で贈与するのが最大となる。

ちなみに精算課税は複数の受贈者に対して行えるため、4600万円を子2人に贈与すれば、計9200万円までは贈与税が非課税だ（持ち戻しは考慮せず）。

③精算課税と暦年課税で年間220万円まで併用可

今回の改正で精算課税にも年110万円の基礎控除ができる。精算課税と暦年課税を併用すれば、受贈者1人当たり年220万円まで贈与税は課されない。

④暦年課税は相続人以外への贈与が有効

暦年課税にも有利な点はある。精算課税では贈与者（贈与をする者）が死亡した際、受贈者を対象に贈与財産が相続財産に加算される。一方、暦年課税で相続時に加算される対象は、相続で財産を取得する人に限られている。

法定相続人以外の孫や子の配偶者は、遺贈や代襲相続がなければ相続で財産を取得できないので、加算対象にはならない。よって暦年課税が有効である。

いずれにせよ相続税や贈与税を賢く節税するには正しく理解することが必要だ。プロの専門家にも相談しながら取り組んでほしい。

荒巻善宏（あらまき・よしひろ）
2004年同志社大学商学部卒業。2008年に資産税・相続税専門の税理士法人チェスター設立。職員282人、全国12拠点展開。年間2200件超の申告実績はトップクラスを誇る。

精算課税と暦年課税を併用する

実は税制改正後、精算課税と暦年課税をうまく組み合わせれば、より多くの贈与税を節税できる。両課税方式とも非課税枠は110万円。ここでは3世代による最大非課税額のパターンを比べてみたい。

◆ 2つの課税をうまく組み合わせる
―3世代で見る課税方式ごとの最大非課税額

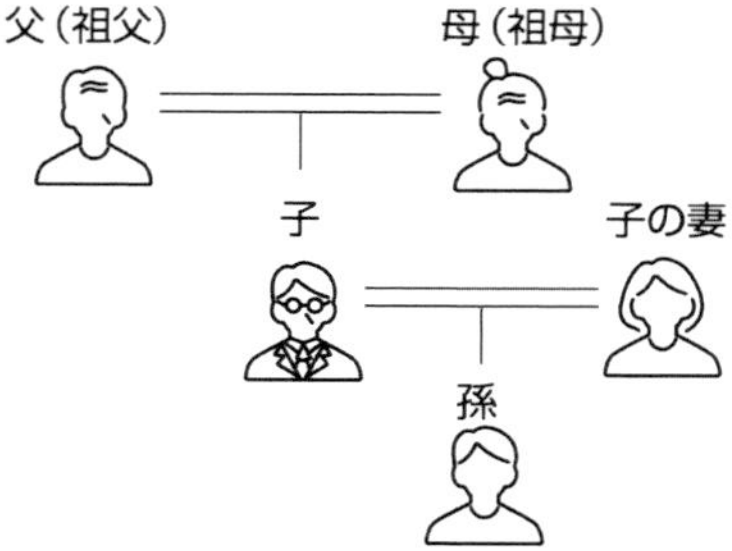

①子が父と母から精算課税で各55万円もらう
②子が父と母から暦年課税で各55万円もらう
⇒**子は「110万円」非課税**

③子と孫が父（祖父）から精算課税で各110万円もらう
④子と孫が父（祖父）から暦年課税で各110万円もらう
⇒**子は「110万円」非課税、孫は「110万円」非課税**

⑤子が父から精算課税で110万円、
母から暦年課税で110万円もらう
⇒**子は「220万円」非課税**
⑥孫が祖父から精算課税で110万円、
祖母から暦年課税で110万円もらう
⇒**孫は「220万円」非課税**

（注）1年間に贈与するケース。（ ）内は孫から見た関係
（出所）各種資料を基に筆者作成

【パターン①②】

受贈者である子が父母それぞれから精算課税で贈与を受ける場合、1つの課税方式につき受贈者1人の非課税枠は110万円が限度なので、父母から合計110万円までの贈与が非課税になる（父母からの配分は任意）。同様に、子が父母それぞれから暦年課税で贈与を受ける場合も、合計110万円が非課税になる限度である。

【パターン③④】

子および孫が父（祖父）から精算課税で贈与を受ける場合、非課税枠は子が110万円、孫が110万円である。同様に、子および孫が父（祖父）から暦年課税で贈与を受ける場合も、非課税枠は子が110万円、孫が110万円だ。

【パターン⑤⑥】

子が父母それぞれから贈与を受けるなど贈与者が複数いる場合には、精算課税と暦年課税の両課税方式を組み合わせることが有効になってくる。

例えば、子が父から精算課税、母から暦年課税による贈与を受ける場合、子は父からの贈与には精算課税の110万円、母からの贈与には暦年課税の110万円と、合計220万円まで非課税枠をフルに活用することができるのだ。同様に孫が祖父から精算課税、祖母から暦年課税で贈与を受ける場合、孫は合計220万円まで非課税になる。

【その他】

子の妻が父（義父）から贈与を受ける場合、子の妻は法定相続人ではないため、父の相続財産には加算されない、暦年課税による贈与が有利である。

なお、このケースでは、節税対策として生命保険の受取人として子の妻を指定すると、法定相続人と同様、贈与財産が相続財産への加算対象となるので、注意したいところだ。

日本は〝全員平等に貧乏〟となる

30億円超富裕税に効果はない

経済評論家・藤巻健史

年度末までに成立しないと国民生活に重大な影響を及ぼす重要法案を日切れ法案と呼ぶ。今回導入される超富裕層への「最低負担措置導入」はまさに〝ひがみ法案〟といえる。成功者をひがみ、引きずりおろして、溜飲を下げる法案としか思えない。

この法案では「年間所得30億円超」の超富裕層が対象とされている。期待される国の増収だが、年収30億円でも対象者は200~300人と少なく、1人当たり1億円ずつと仮定しても、せいぜい200億~300億円。大部分はベンチャー起業で成功し、株を上場できた人ではないか。

2005年まで国税庁が発表していた高額納税者一覧(長者番付)では、逆算して年30億円超の所得長者はいてもせいぜい数人だった。この中に分離課税は含まれていない。今回の新税の対象者が200〜300人なら、それはほぼ全員が源泉分離課税の納税者、すなわち株長者と想定される。

◆ 年収30億円超の超富裕層に導入へ
―2025年から適用される最低負担措置―

①通常の所得税額
②最低所得税額＝（年間所得※－特別控除3.3億円）×税率22.5％
▶②が①を上回る場合、差額に課税
（※年間所得は給与・事業所得、株や土地の譲渡所得を合算した額）

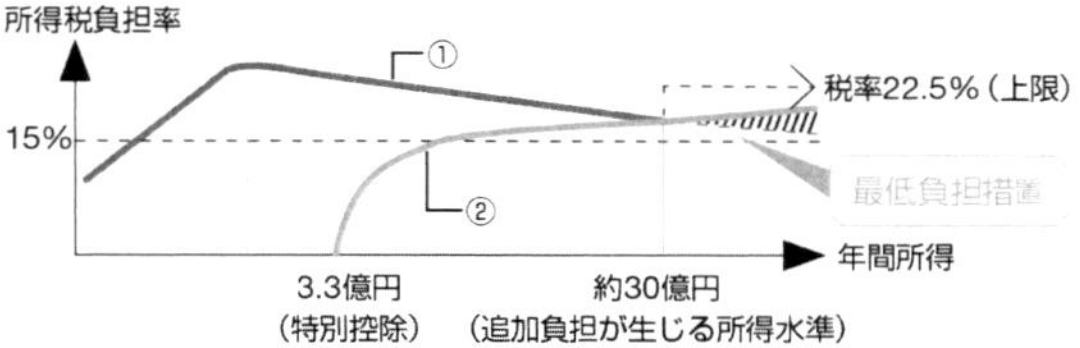

（出所）財務省の資料を基に東洋経済作成

2025年導入予定だが、たった数百億円の増収のため、株式市場に悪影響を与え、経済を引っ張る起業家たちのモチベーションを貶めるデメリットは、あまりにも大きい。起業家がリスクに見合うような環境をつくらなければ、この国の産業の新陳代謝など絶望的だ。

世界の格差は「大金持ちがさらに大金持ちになる」ことで生じたが、日本の格差は中間層の没落による、という分析は研究者の間でほぼ一致している。それなのに日本では、パイを大きくする人の足を引っ張り、パイの分配のみを考えている。このままでは中間層の没落ばかりでなく、日本は全員が平等に貧乏となる。

その意味でこの法案は筋が悪い。成功者に高いリターンを与える環境をつくらないなら、誰も頑張らないし働かなくなる。私がモルガン銀行（現JPモルガン・チェース銀行）の在日代表兼東京支店長のとき、大部分の外国人部下たちは「日本は世界最大の社会主義国家だ」と言っていた。

米国の天才的なIT長者の多くは海外からの移住組だ。GAFAの創業者を見ればわかるし、例えばテスラの創業者イーロン・マスク氏は、南アフリカ共和国からの移民である。彼らは米国で成功すれば大金持ちになり、成功の報酬を国に取られることもない。日本のように成功しても大してリターンがなく、少ないリターンからも税金をがっぽり持っていかれる国には、まずやってこない。

税とは国全体が豊かになり（＝パイを大きくし）、1人当たりの生活が豊かになることを第一義に設計されるべきだ。そうすれば結果的に税収も増える。格差是正は格差が無視できないほど社会問題となったときに考えればよい。日本はその段階に到達していない。

超富裕層への増税に比べ、広く薄く課税する消費税は、1％で約2兆円と徴税能力は抜群。ばらまきの段階で反対の声を上げず、大きな政府を続けるなら、消費税増税と課税所得最低限の引き下げで、国民全員に将来大きな負担がかかる。または借金の踏み倒し（＝悪性インフレ）しかないことを肝に銘ずるべきだろう。

藤巻健史（ふじまき・たけし）
1950年生まれ。一橋大学商学部卒業後、三井信託銀行やモルガン銀行などで勤務。2013年から19年まで参議院議員を務める。著書に『超インフレ時代の「お金の守り方」』など。

相続で使えるが、リスクにも注意

不動産小口化商品の節税効果

FPオフィス ノーサイド代表／ファイナンシャルプランナー・橋本秋人

ここ数年、収益不動産を小口化した、投資商品の人気が高まっている。

もともと不動産投資といえば、マンションやアパートなど、現物不動産への投資を指していた。それが2001年に初めて上場したJ-REIT（不動産投資信託）を契機に、不動産を小口化・証券化したさまざまなスキームの投資商品が登場。中でも「不動産小口化商品」は、不動産投資のメリットだけでなく、新たな相続対策の手法として注目されている。

不動産小口化商品は、収益不動産を小口化したうえで不特定多数の投資家に販売し、運用収益や売却益を投資家に分配する商品だ。

投資対象は都心部のマンションやオフィスビルなどで、郊外や地方に比べて入居需要が高く価格下落リスクは低い。このような現物不動産は、1棟数億円から数十億円など高額になり、一般の個人投資家には手が届かない。が、不動産を小口化し投資単位を小さくすることで、個人投資家でも、これらの優良で魅力的な収益不動産に投資するのが可能になる。

例えば、東京都千代田区にある、東急リバブルの不動産小口化商品「レガシア千代田三崎町」。JR中央・総武線水道橋駅まで徒歩5分という、利便性の高い立地で2020年8月に建築された、13階建て・総戸数32戸のマンションである。物件価格16億円を320口に小口化し、1口500万円（最低2口）から購入できる。

100万円から投資可能

不動産小口化商品が増加している背景には、不動産特定共同事業法（不特法）の改正がある。

1994年に施行された不特法は、不動産特定共同事業（FTK）を行う事業者を許可制とすることで、適正な事業運営と投資家保護を図るのを目的に制定された。2013年、17年の改正で参入事業者や案件組成の要件を緩和した結果、新規参入が一気に増加。FTKの案件数は、2014年の41件から21年には372件と、7年間で約9倍にも達している。

不動産小口化商品も不特法の枠組みのスキームの1つ。不動産小口化商品には主に、「匿名組合型」と「任意組合型」があるが、相続対策に活用できるのは任意組合型である。任意組合型では、投資家と事業者が任意組合契約を締結し、投資家の出資で組合が取得した収益不動産を運営する。投資家と事業者は共同経営者となるが、実際の運営管理は業務執行組合員である事業者が行い、投資家は不動産の運用で得られた収益から、出資額に応じて分配を受ける。

1口当たりの投資額は100万円から数百万円で、最低投資口数が定められているケースも多い。運用期間は一般的に10年以上と長期になっている。

何より大きな特徴は投資家が収益不動産の所有権を持つことだ。相続・贈与時には時価より低い不動産として財産評価が行われる。つまり不動産の相続評価で資産圧縮が可能なのである。

相続対策として、マンションへの投資で相続税評価額の圧縮を図る手法は、一般的に行われる。任意組合型の不動産小口化商品も、投資家が実際に不動産の共有持ち分を持つため、マンション同様の資産圧縮効果が期待できる。

相続税の計算上、土地は一般的に路線価、建物は固定資産税評価額を基に、財産評価を行う。国税庁は路線価について、公示価格（時価となる指標）の80%程度をメドに定めているため、財産を現金で残すより、土地に換えるほうが相続税の評価額は20%程度低い。

とくにマンションなど貸家が建つ貸家建付地は2割前後を評価減できる。さらに貸付事業用宅地として小規模宅地等の特例を適用した場合、土地面積200平方メートルを上限に評価額を50%減額することが可能。建物も時価より3〜4割低い固定資産税評価額で評価され、さらに貸家として評価額が30%下がるため、相続財産の評価額を大きく圧縮できるわけだ。

◆ 1000万円の相続税評価が400万円以下の場合も
—不動産小口化商品の節税スキーム—

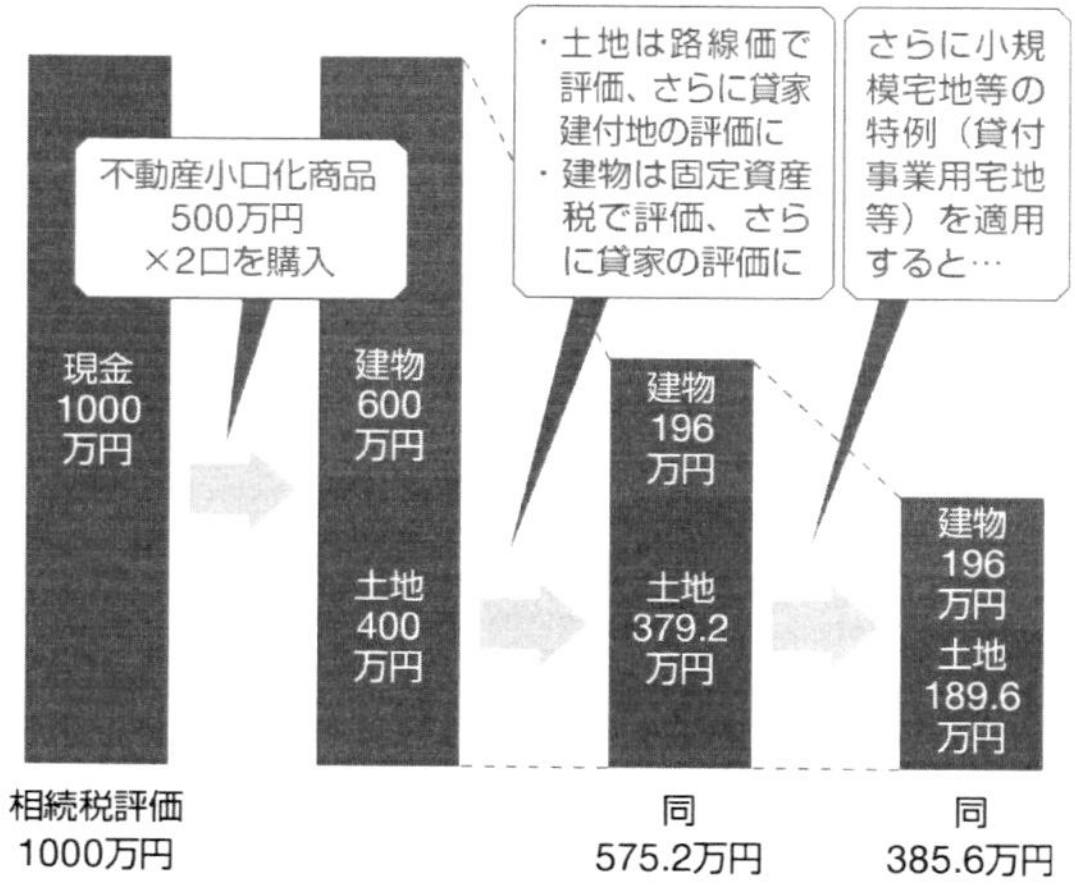

【計算の条件】
- 商品価格に占める割合は建物60％、土地40％と仮定
- 路線価は時価の80％とし、補正率は考慮しない
- 建物の固定資産税評価額は時価の70％とする
- 借地権割合70％、借家権割合30％、賃貸割合100％とする
- 貸付事業用宅地は、特定居住用宅地・特定事業用宅地・特定同族会社事業用宅地との完全併用ができないため、選択に注意

（出所）各種資料を基に筆者作成

前図では、1口500万円の不動産小口化商品を2口＝1000万円購入すると、相続税の評価額が400万円以下になるというケースを示した。

生前贈与に不動産小口化商品を使う方法もある。1口500万円の不動産小口化商品でも、評価額が6割減の200万円であれば、わずか9万円の贈与税（税率10％）で生前贈与できる。

現物不動産では、均等に分割して相続することは難しく、親族同士でトラブルに発展することも珍しくない。分割しないで相続人の共有名義にしても、処分や利活用の際、共有者の考えや利害が一致せずにもめるのもよく聞く話だ。しかし、不動産小口化商品は口数単位で分割できるため、平等に分けやすいメリットもある。

元本保証ないリスクも

相続対策で効果がある不動産小口化商品だが、節税スキーム以前に投資商品でもある。当然ながらリスクがあることも押さえておかなければならない。

不動産小口化商品では予定分配金と予定利回りがうたわれるが、賃料の下落、予定外の修繕など支出の増加で、分配金が減少し予定利回りを下回ることもある。サブリース（転貸）をつけていても、一定期間ごとの賃料改定があり、必ずしも運用期間中の賃料が約束されているわけではない。

売却時には物件の価格が下落した場合、売却損で元本が欠損する可能性もある。

また不動産小口化商品の多くは原則として中途解約できない。運用期間中に現金化する必要が生じれば、第三者に売却しなければならないが、不動産小口化商品の流通市場は確立されていないため、流通性は低い。運用期間中に換金する可能性があるなら、不動産小口化商品への投資は適さない。

ほかにも、匿名組合型では投資家は有限責任のため、損失を生じても出資額以上の責任は負わないが、任意組合型では投資家は無限責任を負うため、出資額以上に補填しなければならない。もちろん事業者の倒産リスクもある。

相続時に空室があった場合、賃貸割合の低下で、貸家建付地としての評価は想定ほど下がらない。

もとより物件購入後に税制改正が行われたら、期待していた節税効果が得られないおそれもある。直近では、国の解釈の変更でタワーマンションの相続節税が否認された例もあり、税制や不動産関連の政策には十分注意したい。

相続税節税に有効とされる不動産小口化商品。投資商品のメリットもあるが、デメリットやリスクがあることも踏まえたうえで、各自で投資判断することが重要だ。

橋本秋人（はしもと・あきと）

1961年生まれ。早稲田大学商学部卒業。住宅メーカーで30年以上不動産活用等を担当。独立後は相談、不動産コンサルティング、セミナー、執筆などを行う。終活アドバイザーも。

防衛増税を国民が考えるとき

慶應義塾大学　経済学部教授・土居丈朗

国民の間で賛否が分かれる防衛増税。いったい何が正しく、何が間違っているのか。

2022年12月8日、首相官邸で開催された政府与党政策懇談会で、岸田文雄首相が初めて防衛増税を明言した。同月16日には、具体策が「防衛力強化に係る財源確保のための税制措置」として、税制改正大綱に盛り込まれ、与党が決定。続く23日には閣議決定されるドタバタ劇だった。

すべては税制改正大綱と同じ日に決まった防衛力整備計画で、23年度から5カ年の防衛費の総額を43兆円程度にするためだ。19年度からの5カ年の総額は、27・4兆円程度だったから、1・5倍を超える増額である。

◆ **3.5兆円は増税で賄うことになる** ―増額される防衛費と財源の内訳―

		〈2023～27年度の5年間〉	〈27年度のみ〉
必要な財源	増税	3兆円強	1.1兆～1.2兆円
	歳出改革	3兆円強	1兆円強
	決算剰余金の活用	3.5兆円程度	7000億円程度
	防衛力強化資金	4.6兆～5兆円強	9000億円程度
	防衛費（22年度5.2兆円）	25.9兆円	5.2兆円
	総額	43兆円	8.9兆円

24年以降に増税へ

法人税	7000億～8000億円
所得税	2000億円程度
たばこ税	2000億円程度

他含めGDP比2%

（注）5年間の防衛費43兆円のうち2.5兆円は防衛力整備の水準達成のためのさまざまな工夫で捻出
（出所）「2023年度予算のポイント」（財務省）等を基に東洋経済作成

これを実現するためには27年度以降に毎年度4兆円前後の追加財源を確保しなければならない。そのうち約4分の3は歳出改革、決算剰余金、税外収入などを貯める防衛力強化資金で賄い、残り約4分の1である1兆円強は増税で賄うことにしたのである。

焦点が当たっているのは増税だ。法人税とたばこ税の税率引き上げ、復興特別所得税の一部を防衛財源に転用することが、すでに決定されている。しかし、肝心要の実施時期は、「24年以降の適切な時期」とあいまいにしか記されておらず、今後に火種を抱えることになった。

年末までの短期間での決着について、全面的に賛同する声は聞かれない。増税を受け入れるにせよさまざまな問題点がある。

早めに排除された所得税

防衛費総額を43兆円とするから、足りない分は増税で賄うことをお願いするというのは、規模ありきと認識される。どんな防衛装備品を購入するからこれだけの規模になる、と具体的に示されていないうちに増税を持ち出したことで、中身のわからない請求書が国民に回ってきたかのようだ。

確かに防衛費の増額を国債で賄うことは避けるという明確な方針は的確である。技術進歩が著しい昨今、国債で防衛費を賄うと、購入した防衛装備品は10年も経てば、陳腐化して使えない。それなのに、国債は10年後以降も完済されるまで、元利償還負担だけが国民に及んでしまう。

使えなくなった武器を買った借金の返済がなお残る、という事態は避けなければならない。その点、岸田首相は12月10日の記者会見で、「国債というのは未来の世代に対する責任として採りえないと思っております」と明言した。

したがって増税を国民に求めるならば、使途については、あらかじめもっと説明しておくべきだ。使い道が具体的に示されたのは、23年度予算政府案が閣議決定された12月23日だった。

実際に防衛増税の内訳を見ると、どうなのか。

◆ **増税も増税以外も確実な財源ではない**

— 必要な財源の具体的内容 —

増税	**法人税**	税率は変えず特例分を足す付加税を課す。税額から500万円を引いた金額に**4〜4.5%を上乗せ**。課税所得2400万円以下の中小企業は対象外
	所得税	**税率1%の付加税**を設ける。代わりに復興特別所得税を1%下げ、期間を13年間程度延長。合計の税率は2.1%を維持
	たばこ税	**1本当たり3円**を段階的に引き上げる
増税以外	**歳出改革**	主に社会保障関係費以外で既存の予算配分を見直す
	決算剰余金の活用	決算剰余金は平均年1.4兆円で財政法上の活用限度はその2分の1。年0.7兆円と見込み、5年間で累計3.5兆円を充てる
	防衛力強化資金	新たな資金制度を創設。外国為替資金特別会計からの繰入金、コロナ予算の積立金で不要になる分の国庫返納、国有財産の売却収入等を活用する

（出所）「2023年度予算のポイント」（財務省）等の資料を基に東洋経済作成

何より増税する税目では、法人税が主になっている。この点については当然ながら経済界から批判が出た。防衛費によって国民の生命と財産を守るわけだから、まず所得税で国民に負担を求めることがあってしかるべきだろう。だが、所得税の本格的な増税は、早い段階から排除されている。

結局、税率が2・1％の復興特別所得税のうち1％分を防衛費の財源に転用するが、徴収する期間を延ばすことで、2・1％の税率そのものを引き上げることはしないことになった。本来の期限である37年度までは、従来の税率と変わらないから、実際に増税の痛みは感じにくい。

実は復興特別所得税は、震災復興当初こそ復興事業に投じられたが、今となってはほとんどが復興債という国債の償還財源である。

だから、復興特別所得税を防衛費に転用したからといって、必ずしも被災地を冷遇することにはならない。むしろ復興債の償還を遅らせ、隠れた借金を残しているといえる。確かに防衛費の増額のため、直接的に国債は増発していないようにみえるが、復興債の償還を遅らせるという意味で、国債残高を減らせていないのだ。

2024年以降の税制改正に向けては、増税の実施時期をどうするか、再び紛糾する可能性も十分ある。増税反対派が撤回を求め、増税容認派と禍根を残しかねない。もっとも、岸田首相は防衛増税を導入する前に、衆議院の解散・総選挙を行う意向を示した時もあった。増税の政府方針に露骨に反対すると、下手をすれば選挙時に公認がもらえず、与党内では露骨に反発しにくくなるかもしれない。

増税以外の財源も怪しい

防衛財源の確保にはまだ不確実な要素が多いのも実態だ。

5カ年の最終年度である2027年度だけでなく、それ以前においても、増税のみによらず、歳出改革などでも財源を確保するとしている。毎年度1兆円にも及ぶ歳出削減ができるのか。しかもこの削減を、社会保障費以外で行おうとするなら、なおさら難度が高い。歳出削減で賄おうとする財源は本当に当てになるのか。

決算剰余金も財源に充てることとした。近年では決算剰余金を年度途中で編成する補正予算の財源に使っている。それを使おうというわけだから、もはや決算剰余金を当てにした補正予算は組めない。それならいっそ補正予算の濫用はこれを機にやめるべきだ。

さらには防衛力強化資金を創設し、財源として、特別会計の繰入金や独立行政法人の積立金、大手町プレイスなど国有財産の売却でかき集めるという。いうなれば防衛力強化資金という、特別会計でも基金でもない別の財布だ。２３年度に集めたお金を、２４年度以降の防衛費の財源に使えるようにするという、苦肉の策を用いている。あの手この手を使って、防衛費の増額のため国債を増発せずに済むのはよいが、裏を返せば、それだけ４３兆円という防衛費の規模はとてつもなく大きいということだ。

反撃能力を保有し、戦後の安全保障戦略を大転換するため、防衛費をＧＤＰ（国内総生産）比２％に倍増するのだから、もう無駄遣いは許されない。割高な値段だったり、役に立たなかったりする防衛装備品を米国に買わされることのないよう、厳に臨むべきだ。
防衛力強化を増税で賄うようになれば、国民によるチェックも厳しくなるだろう。国民の生命と財産を守る安保政策とその財源について、われわれ自身も真剣に考えるときが来ている。

土居丈朗（どい・たけろう）
1970年生まれ。93年大阪大学卒業、東京大学大学院博士課程修了。行政改革推進会議議員や税制調査会委員、財政制度等審議会委員などを歴任。著書に『入門財政学〔第2版〕』など。

消費税、誰が払う？　いくら払う？

インボイスに見る期待と不安

KMS経営会計事務所代表　公認会計士・税理士　川崎晴一郎

世間をざわつかせているインボイス制度。2023年10月1日に導入されるこの制度で、これまで消費税の納税を免除されていた「免税事業者」は登録申請により「課税事業者」になり、消費税を納めなければならなくなる。

納税負担が増えるだけではない。納税額を自ら計算し、確定申告をする必要があり、ほぼ何もしないでいい現状に比べたら、この手間も重くのしかかる。

とくに個人事業主（フリーランス）や小規模企業の多くは免税事業者で、インボイス制度に対する抵抗はものすごい。インボイスの登録は任意だが、商取引をする一般的な事業者であれば、どうしても対応せざるをえないからだ。

個人か企業かを問わず日本の事業者は課税事業者と免税事業者に分かれる。2期前の年間売上高（消費税がかかる課税売上高）が1000万円を超えたら課税事業者だ。日本にある株式会社のほとんどが該当し、顧客から受け取った消費税を国へ納付する義務がある。

他方、年間売上高が1000万円以下のフリーランスなどの場合、免税事業者になり、消費税の納税義務はない。多くは顧客から受け取った消費税を自分の売上高、あるいは儲けと捉えていた。いわゆる〝益税〟と称されるものである。これを失うことは頭を悩ます問題で、インボイス制度によってまさに現実化しつつあるのだ。

登録番号が必須になる

インボイスを一言で説明すると、国が認めた請求書などの形式を指す。2019年以前は請求書等保存方式という名称だったが、以降は「区分記載請求書等保存方式」となり、2023年10月からは「適格請求書等保存方式」に変わる。

事業者であれば、日常的に顧客に商品やサービスを提供したとき、請求書や領収書を発行するし、仕入先からは請求書をもらうだろう。新たなルールではこの書式が従来に比べてより詳細になる。

見栄えはどのようなものでも構わないが、最低限以下の項目の記載が必要となる。

①インボイスを発行する事業者（課税事業者）の氏名または名称
②登録番号
③取引年月日
④取引内容（軽減税率対象品目がある場合はその旨を記載）
⑤税抜き価格または税込み価格を税率ごとに区分した合計金額および適用税率
⑥税率ごとに区分した消費税額（消費税額と地方消費税額の合計）
⑦インボイスを受け取る事業者の氏名または名称

②の登録番号、⑤の適用税率、⑥の消費税額といった項目は、従来の請求書などで

は見られなかった内容かもしれない。中でも登録番号が大きく変わる点だ。インボイスを税務署で登録した事業者でないと、登録番号を記載することができないためである。

なぜインボイスが必要か。例えば雑貨販売では、インボイスを仕入れ先の中小メーカーからもらえないスーパーは、消費税を納めるうえで今までより損してしまう。というのも、インボイスでない請求書を仕入れ先から受け取った場合、仕入れ先に支払った消費税分について、消費税納税の際に控除できなくなる（差し引けなくなる）からだ。スーパーにとって、差し引けないことはその分、消費税を多く納めることになる。

通常、取引金額の10％が消費税であり、これは決して小さな比率ではない。ゆえにスーパーは小規模企業や個人の仕入れ先などに対し、インボイスを発行できるよう要求し始めているわけだ。

形式的にはインボイス制度に対応するかどうかは任意。だが、販売先からインボイスを発行できるよう依頼されたら、実際に断ることは難しいのが実情だろう。

仕入税額控除ができるか

以下では、インボイス制度の下、支払った消費税がどのように控除されるかについて、深掘りしてみたい。そのためには、事業者が納付する消費税がどのように納められるかについて、仕組みの全体像を把握する必要がある。

まず事業者は顧客に商品やサービスを提供する時点で、売上高の本体価格に消費税を上乗せして請求する。例えば、顧客は100円の商品を買う場合、消費税10円（税率10％）を上乗せされ、合計110円を支払っている。一部の例外を除き、ほぼすべての取引に消費税はかかっている。

その後、事業者は顧客への販売で受け取った消費税を、税務署に納付しなければならない。

一方では事業者も事業活動をするうえで、他の事業者の商品やサービスを仕入れており、その際には消費税を支払っている。納税するときには、「受け取った消費税」から「支払った消費税」を差し引くことができ、これを「仕入税額控除」と呼ぶ。納める税金は控除した後の金額だ。

具体的なケースを挙げよう。今回はフリーライターに原稿を書いてもらい、書店へ書籍を販売する出版社の立場で、消費税の計算を行ってみたい。話を単純化するため1冊単位とし、取次や印刷会社との取引は割愛、再販制度も適用されないとする。

◆ フリーランスは免税事業者か課税事業者かを迫られる
―2023年10月に導入されるインボイス取引の一例―

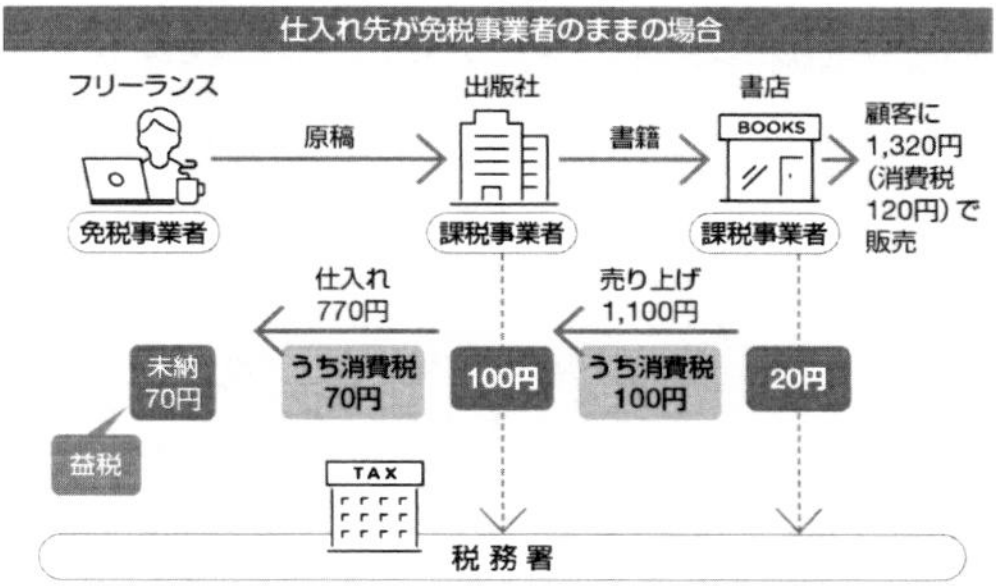

出版社は免税事業者のフリーランスからインボイスを発行してもらえないので、仕入税額控除ができない。出版社はフリーランスに支払った消費税70円も納税負担することになるので、書店から受け取った消費税100円を全額納付。

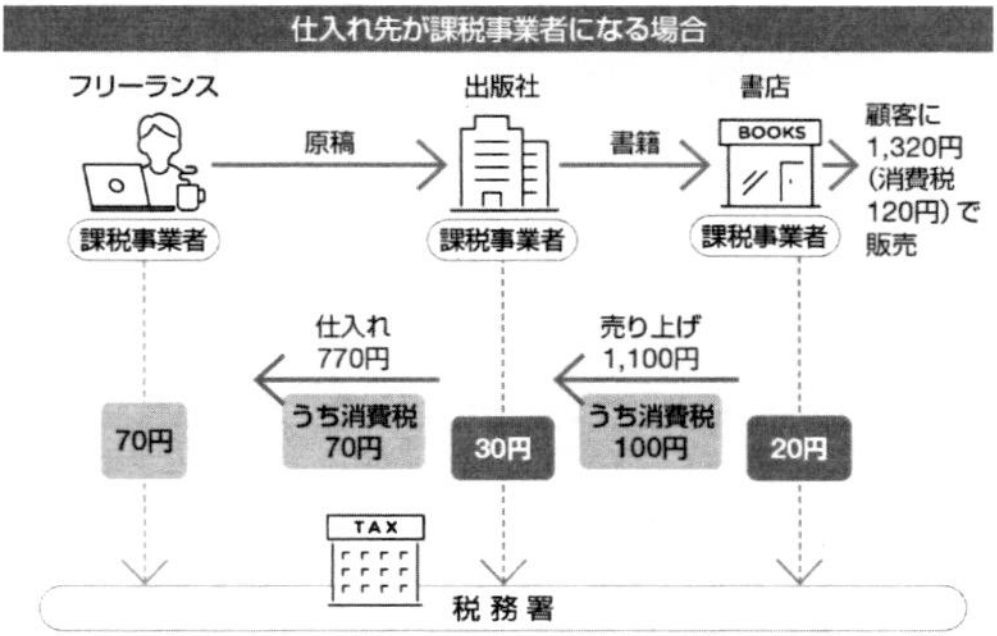

出版社は課税事業者のフリーランスからインボイスを発行してもらうので、仕入税額控除ができる。出版社は書店から預かった消費税100円のうち、仕入れ時に支払った消費税70円を差し引いた30円を納付。フリーランスは70円納付。

(注)単純化するため、取次や印刷会社の存在は省いた　(出所)各種資料を基に東洋経済作成

出版社はライターに1冊770円（うち消費税70円）の契約で原稿を執筆してもらい、書店に対しては同1100円（同100円）で書籍を納入。書店は同1320円（同120円）で書籍を顧客に販売するものとしよう。

ここで出版社は事業活動として、ライターに770円を支払い、書店に1100円を請求する。

消費税については、出版社は書店から受け取った100円の消費税を納税する必要があるが、仕入税額控除ができれば、そこからライターに支払った70円を差し引ける。つまり出版社は30円（＝100円－70円）の消費税を納めればいいわけだ。

税金だけを通して見れば、最終消費者である書店の顧客が、一連の消費税全額120円を負担している。この消費税120円について、書店が20円（＝120円－100円）、出版社が30円（＝100円－70円）、ライターが70円を、それぞれ分担して税務署に納付しているにすぎない。

もっとも2023年10月以降、これらの事業者の中に免税事業者がいる場合、120円の分担の割合が違ってくる。ライターが免税事業者のままであれば、出版社は仕入税額控除を使えず、結果、ライターの分まで消費税100円（出版社の30円＋ライターの70円）を納めなければならない。

10月以降に仕入税額控除を適用されるには、要件として、インボイスは法定事項が記載された請求書等に特定される。つまり、インボイスの登録をした課税事業者からもらう請求書でなければ、今後は仕入税額控除をすることができなくなるわけだ。

ライターが登録をせず免税事業者のままでいたら、インボイスを発行できない。出版社としては、インボイスをもらえないと仕入税額控除ができなくなる。このためライターに登録を促す場合もあるだろう。ライターにとっても課税事業者として消費税を納め、出版社と取引したいと考えれば、課税事業者としてインボイス制度に対応することになる。

経費精算も無関係でない

ちなみにインボイス制度の導入後は、一般社員も例外ではないので、注意しておきたい。

「1回当たりの取引が3万円未満の公共交通料金」など一部例外を除き、仕入税額控除にはあらゆる取引でインボイスの入手が必要だ。これまでは3万円未満の買い物であれば、請求書や領収書がなくても、帳簿で保存するのみで仕入税額控除ができた。これからは、100円のペンやペットボトルの水などを購入するのに当たっても、インボイスを手に入れなければならない可能性がある。

企業によっては、社内においてインボイスでない請求書や領収書は、経費精算がNGになるかもしれない。会食で利用する飲食店、出張で宿泊するホテルがインボイスに登録しているか、事前に調べなければならなくなるといった影響が出てこよう。

いずれにせよインボイス制度がスタートすれば、免税事業者にとっては消費税が納税の対象となり、確定申告の作業もそうとうな手間になるから、大変な状況になるというのは容易に予想がつく。

そんな免税事業者には、制度本来の主旨に沿ってきちんと消費税を納めるべき、という声もある。税収を確保するため、国や地方自治体も円滑な導入を後押しする。インボイス制度に猛反発する事業者の姿勢に対し、消費者からの冷ややかな視線も皆無ではない。

消費税は消費者が負担し、事業者が消費者の代わりに納める税である。少子高齢化で膨らむ社会保障費の財源としても大切な基幹税の1つであり、インボイス制度の導入は税に対する捕捉率を間違いなく向上させるに違いない。

ただし、価格競争が激しいなど業態によっては、取引先から下請け業者が値下げ要求をされているような場合もある。消費税分を転嫁できていないケースが珍しくないのもまた一面だ。

もともとインボイス制度は、消費税の税率を8%から10%に引き上げた2019年10月、軽減税率の8%も含めた複数の税率に対応するため、導入が決まったという経緯があった。年月が経っても、なお理解や準備が進んでいない現状を見るにつけ、インボイスが普及するまでの道のりは遠い。

2割納税、帳簿保存可など山盛り

インボイス制度　猛反発で決めた負担軽減措置

KMS経営会計事務所代表／公認会計士・税理士　川崎晴一郎

2023年10月1日導入に向けて待ったなしのインボイス制度。これに対し小規模企業やフリーランスは猛反発、俳優や漫画家などの抗議のアピールも反響を呼んだ。そうした声を受け、2022年末に決まった23年度税制改正大綱では、次のような時限的な負担軽減措置が盛られた。

・売上高1000万円以下の小規模事業者は2023年10月以降3年間、納税を売上税額の2割に抑えられる（既存の簡易課税制度より負担が軽い）
・売上高1億円以下の中小事業者は同じく6年間、1万円未満の少額取引なら、イン

ボイスなしで帳簿保存のみでも仕入税額控除ができる
・免税事業者が課税事業者に登録する場合、持続化補助金（税理士相談費用等）が50万円加算される
・会計ソフトなどの購入にもIT導入補助金を活用できる
・インボイスの登録申請は2023年9月末まで可能になる

最も大きなものは、特例となる税負担の軽減だ。免税事業者がインボイスの発行事業者の登録をし、課税事業者になる場合、2023年10月1日から26年9月30日までの3年間、納付する消費税額は売り上げ時に受け取った消費税の20％に抑えることができる。

例えば、売上高（消費税のかかる課税売上高）が1000万円の事業者だと、全商品が税率10％なら、納税額は売上税額100万円の2割＝20万円で済む。

また2期前の売上高が1億円以下、あるいは1期前の上半期の売上高が5000万円以下の事業者の場合、2023年10月1日から29年9月30日までの6年間、

1万円未満の取引は、インボイスを入手・保存していなくて帳簿保存のみでも仕入税額控除が認められる。

インボイスを1枚1枚確認する手間は大きい。今では3万円未満の取引については、請求書がなくても仕入税額控除ができるが、この名残を小規模事業者の少額取引に残そうということだろう。

ちなみに今回の改正前にすでに決まっていた経過措置では、仕入先が免税事業者であっても、2023年10月1日から26年9月30日までは課税仕入れの80％、2026年10月1日から29年9月30日まで同50％、仕入税額控除ができるようになっている（2029年10月1日以降は免税事業者のままでは不可）。

なお、簡易課税制度を選択すれば、いちいち個別に仕入税額控除をする必要がない。売上高から、みなし仕入れ（業種ごとにみなし仕入れ率90～40％）を差し引くことによって、いっぺんに消費税額をはじき出せる。

IT導入補助金も使える

恩恵は何も税に直接絡むものばかりではない。22年度第2次補正予算においては、補助金などでの支援が決まった。

免税事業者が課税事業者に登録する場合、税理士相談費用や広報費などの持続化補助金について、現状では50万～200万円だが、これに一律50万円が加算される。

また中小企業向けのIT導入補助金において、補助の下限額が撤廃され、会計ソフトの購入費やクラウドの利用費についても、対象になった。いずれ電子インボイスの時代になれば、業務の効率化に大きく貢献するだろう。

ところでインボイス登録の申請自体も、従来は2023年3月末までだったのが、9月末まで登録が可能になっている。

こうした激変緩和の策はほとんど期限が区切られている。国税庁のサイトによると、2022年12月末のインボイスの登録件数は199万件。9月末の143万件から伸びたが、法人より個人の動きが鈍いとされる。いざそのときが来ても、慌てないようにしたいものだ。

川崎晴一郎（かわさき・せいいちろう）

2007年独立。数値からクライアント企業の経営見える化を支援。著書に『個人事業主・フリーランスですが、インボイスって結局どうすればいいのか教えてください！』など。

「税負担を公平化して脱格差の実現を進める」

公明党税制調査会会長　参議院議員・西田実仁

政権与党の一翼として自民党をチェックしてきた公明党。2019年の消費税率10％の引き上げ時には軽減税率導入をリードするなど政策面で一定の存在感を示している。西田実仁・党税制調査会会長に23年度税制改正大綱の狙いについていただした。

——超富裕層には最低負担措置を導入する一方、NISA（少額投資非課税制度）を大幅に拡充します。重視したのは格差是正ですか。

かねて税負担の公平性については考えていた。

富裕層の所得税の負担率が下がる、いわゆる1億円の壁を是正するため、極めて高い水準の所得がある人には2025年から課税を強化する。これには慎重な声もあった。が、給与収入を含む年間所得で約30億円超、株や土地の売却益中心なら約10億円超について、対象とすることに決めた。

同時に、資産形成をサポートするNISAを24年から恒久化することで、日本経済の牽引役である中間層の底上げを図りたい。

──NISAでは非課税期間を恒久化するなど大盤振る舞いです。

税調でもNISA拡充に反対する意見はなかった。若い人たちが少額からでも投資ができて、非課税になるのはとてもいいことだと思う。富裕層優遇とならないよう、生涯投資枠1800万円という上限は設けたものの、これから資産を形成していきたい人にとっては、大きな希望になる。

ただ、株や投資信託は危ない、あるいは怖いという先入観を抱いている人が多いのも事実。将来的には国として金融経済の教育をしっかり行う仕組みを作り、それとセットでNISAの活用を広げていっていただきたい。

——2023年10月導入のインボイス制度（適格請求書等保存方式）では激変緩和措置が取られます。

軽減税率を主導した責任もあるし、セットであるインボイスをいかに円滑に導入するかは、大事な課題だ。多くの小規模事業者が課税転換をしてインボイスを発行できるようになれば、取引先からきちんと消費税を取ることができるようになるし、税の適正化につながる。一方では激変緩和をするため、簡易課税に加えて、この10月から3年間、業種を問わず免税から課税転換をする場合には、納税を売り上げ時の税額の2割に抑えるように特例を設けた。

——相続税や贈与税でも大きな見直しが決まりました。

相続時精算課税の使い勝手をよくするため、110万円の基礎控除（非課税枠）を設け、申告不要にすることにした。暦年課税においても、現行なら相続開始前3年間の生前贈与に相続税が適用されるが、これを7年間まで拡大。ただし延長した4年分の贈与については計100万円を控除する。

実は相続税を払っているのは国民全体の8%程度にすぎない。改正で税負担が重くなるのは富裕層に限られるわけだ。私がかねがね主張してきた「脱格差」が一歩実現できたとは思う。

——自民党内で賛否が分かれ、議論が沸騰中の防衛増税には、どんなスタンスを取っていますか。

なぜ財源が税かといえば、国債でやるとどうしても、防衛費は膨張するきらいがあるから。後世代にツケを回すのも適当でない。

もっともまずは歳出削減で財源を捻出すべきだ。国民の皆様に向けて「防衛費も効率化します。その代わりこれくらい投資しないと日本を守れません」と。歳出削減をし、剰余金や税外収入も集め、どうしても足りなければ、という順番が重要。これからきちんと説明しながら進めていく。

（聞き手・加藤光彦）

西田実仁（にしだ・まこと）

1986年慶応大学経済学部卒業後、東洋経済新報社に勤務。2004年参議院議員（埼玉選挙区）に初当選し、現在4期目。公明党の税制調査会会長のほか参議院会長や選挙対策委員長も務める。

「少子化は恒久財源用い全世代で支えるべきだ」

日本赤十字社社長・全世代型社会保障構築会議座長　清家　篤

少子化対策はじめ、医療や介護、年金など、持続可能な社会保障制度を議論してきた「全世代型社会保障構築会議」。2022年12月16日には報告書を発表した。「子育て予算倍増」を掲げた岸田文雄政権に提言する役割は大きい。トップの清家篤座長（日本赤十字社社長）に聞いた。

――報告書では目玉政策である子ども予算倍増などについて、6月にも発表される「骨太の方針」への道筋を示しました。

少子化対策は、私が会長を務めた2013年の社会保障制度改革国民会議で、「社会保障制度改革の1丁目1番地」と位置づけている。それを受け、保育の受け皿の整備や幼児教育、保育の無償化などが図られた。しかし近年の出生率は目標とした希望出生率1・8を大きく下回り、2022年の出生数は80万人を割り込むのが確実視される。少子化対策は待ったなしだ。

言うまでもなく、少子化は国内生産や国内消費をともに減少させ、供給と需要の両面で経済成長を大きく制約する、国の存続そのものに関わる問題である。報告書では、子育て・若者世代への支援の整備は未来への投資であり、緊急を要する取り組みであると明記した。岸田首相も自ら「異次元の少子化対策」と表明している。

――出産育児一時金の増額や児童手当など現金給付に注力しますが。

経済的事情で出産をためらう人も多いので、現金給付の拡充はもちろん大事。だが、少子化対策は現金給付だけでなく、保育サービスなど現物給付も含め、パッケージで充実させる必要がある。妊娠時から出産・子育てまで一貫した伴走型相談支援、保育所の入所予約システムの構築など、現物給付についても提言している。

ある委員からは、給付の所得制限は、子育て世代の中に分断を生むことになり、将来世代を育てながら社会を支えるという意欲を損ねかねず、現金給付は所得制限なしが望ましいという意見もあった。

――実現には数兆円単位の財源が必要といわれます。消費増税も選択肢の1つになりえますか。

恒久的な施策には、恒久的な財源がセットで必要。これは委員の間でも異論のないところ。

その恒久的な財源は、消費税に限らず、その他の税目や社会保険料など、あらゆる財源が考慮の対象になる。ただ、その中から何を選択するかは政治判断で、最終的には国民が判断することだ。

一方で「全世代」とは将来世代も含むとの考えに立つ。負担を将来世代に先送りしない観点から国債への依存を増やすべきではない。

――医療保険では後期高齢者の保険料引き上げにも触れています。今後も所得の高い高齢者に負担してもらう考えですか。

医療では後期高齢者の保険料負担の見直し、被用者保険者間の格差是正も具体化した。介護でも次の計画期間に向けて、高齢者の保険料、利用者負担のあり方について検討が進められるだろう。

これはともすると世代間対立の議論になりがちだが、負担能力に応じて全世代で公平に支え合うというのが、全世代型のあるべき姿。年齢にかかわらず、所得の高い人、低い人はいる。社会保障制度の原則は応能負担だから、年齢という変数は外したほうがよい。

子育て支援は人口減少の流れを変え、健康寿命の延びは高齢期の労働力参加率を高め、介護サービス充実は従業員の離職を防止する。それによる支え手の増加は本人だけでなく社会全体にとって福音だ。社会保障制度を充実させるための費用を国民全体で負担することは大きな合理性を持っている。

（聞き手・堀尾大悟）

清家　篤（せいけ・あつし）

1954年生まれ。78年慶応大学経済学部卒業。専門は労働経済学。商学部長や理事を経て、2009年から17年まで慶応義塾長。政府の有識者会議座長などを歴任。22年7月より日本赤十字社社長。

支給は増えても実質目減りする

公的年金　マクロ経済スライドの影響度

ニッセイ基礎研究所　上席研究員・公的年金調査室長　中嶋邦夫

公的年金は本当に大丈夫なのか。２０２３年度の年金額は、前年度と比べ、６８歳以上は１・９％増、６７歳以下は２・２％の増額となることが決まった。物価の上昇が続く中、３年ぶりの増額は受給者にとってうれしい知らせ。だが、賃金や物価より低い伸び率にとどまるため、実質的には０・６％の目減りとなる。

年金額は年度ごとに改定されている。２０００年度の制度改正以前は、毎年度の年金額を物価の変動に連動させつつ、５年ごとに賃金の変動を反映する仕組みだった。物価に連動することで年金の実質価値を維持し、５年ごとに年金生活者の生活水準を現役世代の生活水準の変化、つまり賃金の変化に合わせる仕組みだった。

年金財政の主な収入は保険料であり、賃金に連動して変化する。このため、年金財政の支出である給付を賃金に連動させることによって、年金財政のバランスを維持する仕組みでもあった。

しかし、この理屈は、現役世代と引退世代のバランスが変わらない場合しか、成り立たない。少子化や長寿化が進む日本では、財政バランスの悪化が進む。そこで2000年度の制度改正では、受給開始後の年金額を物価だけに連動させることになった。当時は賃金の伸びよりも物価の伸びが低かったため、見直しで給付の伸びを抑えることが期待された。

給付を抑制するはずが……

それ以前は、少子化などに合わせ将来の保険料を引き上げ、年金の実質的な水準を維持する仕組みだった。しかし2002年に公表された試算では、当時の給付水準を維持するには将来の保険料を当時の倍近い水準に引き上げる必要がある、という厳しい見通しになった。

結果として2004年度改正で導入が決まったのが、マクロ経済スライドだ。将来の現役世代の負担を考慮し保険料の引き上げを17年度にやめ、代わりに、年金財政が健全化するまで、給付を段階的に目減りさせる仕組みである。


マクロ経済スライドでは、毎年度の年金額の改定によって、本来の改定率である物価や賃金の伸びから、調整率が差し引かれる。

調整率は公的年金の加入者数の減少率と高齢世代の平均余命の伸び率との合計だ。これを使って、年金収入減の要因である負担者の減少と、支出増の要因である受給者の増加を見直す。少子化などに対し、毎年度の年金額の見直し、言い換えれば単価の見直しで、全体を調整することになる。

年金財政の健全化だけでなく、世代間の不公平の改善も期待される。改正前だと保険料を引き上げるため、すでに保険料を払い終わった受給者には、追加負担がない。現在の受給者は勝ち逃げになり、将来世代に負担が集中する。ところが改正後では、すべての受給者が年金額の目減りという形で、少子化などの影響を負担。世代間の不公平が縮小する。

ただし、これには、特例が設けられた。物価や賃金の伸びが小さい場合、調整後の年金額が前年度と同額になる水準までしか、調整率が適用されない。また、物価や賃金の伸びがマイナスの場合は、調整率がまったく適用されない。つまり、物価や賃金の伸びがプラスで年金が増額されうる状況でのみ、調整率による年金額が目減りするようになっている。

適用されなかった調整率は、2017年度までは繰り越されなかった。だが、多くの年度が特例に該当する経済状況だったため、18年度からは未調整分が繰り越しに。当年度の調整率を適用しても調整余地が残る年度に、繰り越し分も加えて調整することになった。

特例は残っているものの、未調整分が繰り越されることで、以前と比べ年金財政の健全化は進みやすい。それでも、デフレが継続した場合、未調整分であるマイナスの繰り越しが続く。経済界は物価や賃金の伸びが小さい場合、あるいはデフレの際にも、調整率を完全適用するよう求めている。

繰り越しのツケが来た

焦点は2023年度だ。23年度の年金額の改定は、前年の高い物価上昇率を反映しつつ、当年度の調整率に加え、前年度からの繰り越し分もすべて消化する形になった。

68歳以上の年金額は、前年の物価上昇率の2・5%から、23年度分の調整率の0・3%と22年度から繰り越された調整率の0・3%との合計0・6%が差し引かれ、1・9%の増額となる。67歳以下は、64歳時点までの賃金上昇率が年金額に反映されるよう、前年の物価上昇率に2～4年前の実質賃金上昇率の平均が加算された2・8%から、68歳以上と同様に合計0・6%の調整率が差し引かれ、2・2%の増額になっている。

◆ 物価や賃金がマイナスなら、減額分の一部は翌期に繰り越し
—マクロ経済スライドの仕組み—

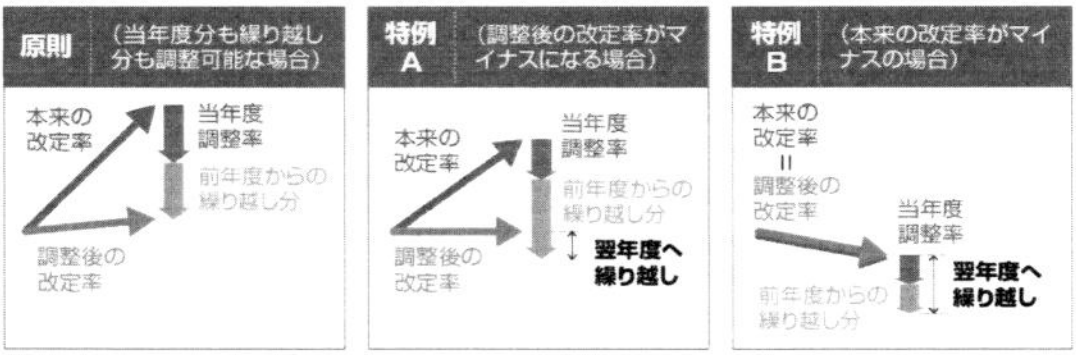

（注）本来の改定率は、67歳以下は賃金上昇率（前年の物価上昇率＋2〜4年前の実質賃金上昇率の平均）で、68歳以上は賃金上昇率と物価上昇率のうち低い値になる　（出所）各種資料を基に筆者作成

◆ 2023年度は繰り越した2期分のマイナス0.6%が適用される
—近年の年金額改定の推移—

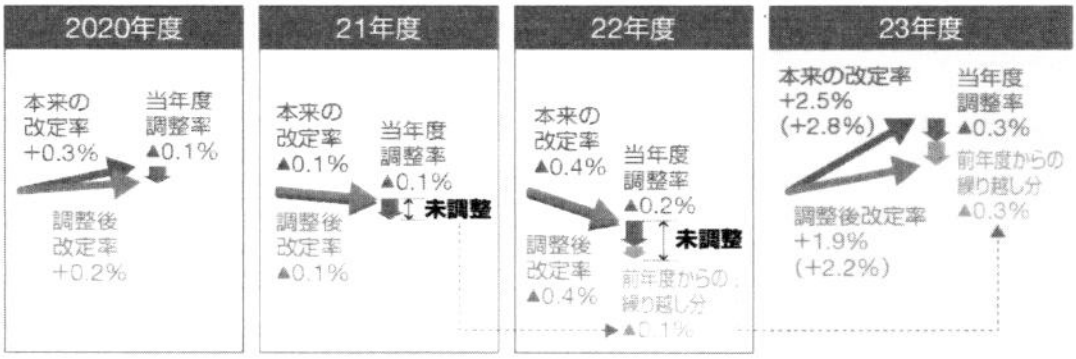

（注）2023年度の改定率は68歳以上で、カッコ内は67歳以下。▲はマイナス　（出所）各種資料を基に筆者作成

全員に共通する基礎年金は、40年間保険料を払った場合、68歳以上は月1234円増の6万6050円、67歳以下は1434円増の6万6250円だ。平均的な収入で厚生年金に40年間加入した場合、夫婦2人分の基礎年金と上乗せされる厚生年金の合計で、68歳以上は月4200円増の22万3793円、67歳以上は4889円増の22万4482円となる。

2022年春には、物価が上昇する中で22年度の年金額が0・4％の減額になったため、与党から年金生活者などを対象にした臨時特別給付金が提言されたが、最終的には支給が見送られた。約1年遅れにはなるが、その際の物価上昇が年金額の見直しに織り込まれて3年ぶりの増額となったのは、受給者にとってはやや朗報といえよう。

その一方、年金額の実質的な価値が3年ぶりに目減りする点には、注意が必要だ。とくに23年度の改定では、23年度分の調整率に加え、21年度と22年度から繰り越された2年度分の調整率を一気に消化する形になるため、近年では比較的大きめの調整となった。

受給者には厳しい内容だが、調整率という形で少子化や長寿化の影響を吸収し、年金財政を健全化させることは正しい。将来世代へのツケの先送りを抑えて世代間の不公平を改善する、というマクロ経済スライドの意義を理解し、受け入れる必要があろう。

中嶋邦夫（なかしま・くにお）
1972年生まれ。博士（経済学）。2002年ニッセイ基礎研究所入社。参議院厚生労働委員会調査室客員調査員などを歴任。セミナー等で年金制度を解説し提言や試算も行っている。

出産一時金も年寄りが持つ時代

後期高齢者、医療費は重く

医療ジャーナリスト・牧　潤二

出産費用を後期高齢者（75歳以上）も支払うことにし、「全世代で負担」してもらう。後期高齢者間でも所得に応じた「応能負担」を取り入れる――。

高齢者を軸とする医療保険の改革がじわり進んでいる。2022年10月には一定以上の所得のある後期高齢者は、医療機関での窓口負担が1割から2割に引き上げられたばかり。続く二の矢、三の矢も、次々と放たれている。

同年12月15日、厚生労働省の社会保障審議会・医療保険部会で医療保険制度改革の内容がまとまったが、議論の中心になったのは「出産一時金」だ。出産育児一時金を2023年4月に42万円から50万円へと引き上げる。8万円増は過去最大の引き上げ幅である。

出産は病気やケガではないため、正常分娩には公的医療保険が利かない。実費の請求となり、分娩料や入院費、新生児管理保育料などで平均48万円かかるが、別途支給されるのが出産育児一時金。現行制度でこの費用を負担するのは、健康保険組合(健保)などに加入する現役世代に限られる。

出産費用を高齢者も持つ

2023年春からは50万円の出産育児一時金について、総額の7%を後期高齢者が負担するのだ。ただ、高齢者層の反発を考慮し、激変緩和のための経過措置として24~25年度においては、出産育児一時金の7%に対して2分の1(総額の3・5%)を負担。26年度からは2分の1ではなく、本来の全額(同7%)とする。

少子化高齢化が止まらない中、負担するのは現役ばかりでいいのか。2022年12月1日の医療保険部会では、健康保険組合連合会や全国健康保険協会(協会けんぽ)、経済団体から労働組合まで、5団体が連名で意見を提出した。

そこでは現役世代の負担が大きいとしたうえで、「後期高齢者の保険料の限度額引き上げ」「高齢者支援金の負担割合見直し」「後期高齢者医療制度も含む出産育児一時金の負担導入」について、低所得者に配慮しながらも確実に実施すべきだ、と主張。子育て世帯への支援強化などの観点から、後期高齢者も含めた〝全世代で支え合う仕組み〟を導入する方向に集約されていったのである。

同部会では、高齢者医療の制度全体を視野に入れて、後期高齢者の医療費に対する現役世代の支援のほか、後期高齢者の負担率のあり方も見直すことにした。

2008年に創設された後期高齢者医療制度において医療給付費（窓口負担除く）は、後期高齢者自身の保険料で約1割、現役世代からの支援金で約4割、公費（税金）で約5割を負担する仕組みである。全体に占める高齢者自身の保険料の割合（10％程度）が高齢者負担率と呼ばれている。

高齢者負担率は、後期高齢者医療制度が始まった2008年度が10％で、これを起点に調整してきた。その方法は、現役世代人口の減少による現役1人当たりの負担増加分を、後期高齢者と現役世代で折半するというもの。確かに22〜23年度には11・72％まで上昇している。

だがそれでは、現役世代と折半したことで高齢者負担率が上がっても、後期高齢者の絶対数が増加しているので、高齢者1人当たりの負担増は緩やか。一方、現役世代は絶対数が減っているため、後期高齢者と比べ、負担はきつくなる。

端的に表しているのが部会に提出された1つのデータだ。意見をまとめるうえでも重要な役割を果たした。これは、後期高齢者1人当たりの保険料、現役世代1人当たりの後期高齢者支援金の推移を示したものである。

データによると、2008年度と22年度を比較して、後期高齢者1人当たりの保険料は約1・2倍にとどまったが、現役世代1人当たりの後期高齢者支援金は約1・7倍と高い水準になっている。今後、現行のルールを続ける限り、現役世代が負担増となる傾向が続いてしまうことになる。

そこで介護保険制度を参考に、両者の伸び率が同じになるよう、24年度から高齢者負担率の設定方法を見直すことにした。前述した、出産育児一時金を全世代で支え合う仕組みに加えて、後期高齢者間でもより所得に見合った応能負担を取り入れたのである。

◆ 現役世代の負担が相対的に高まっていた
―後期高齢者の保険料と現役世代の支援金の推移―

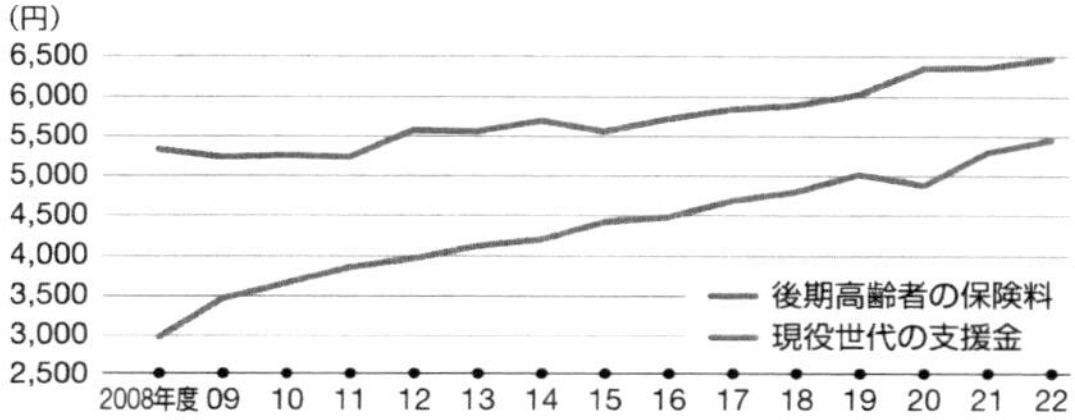

(出所)「医療保険制度改革について」(厚生労働省)を基に東洋経済作成

◆ 後期高齢者は健康保険料が2年間で5200円アップ
―1人当たりの年間保険料と増減比―

年収	2024年度予		25年度予	
1100万円	73万円	(+6万円)	80万円	(+13万円)
400万円	23万1300円	(+1万4000円)	23万1300円	(+1万4000円)
200万円	8万6800円	(±0)	9万0700円	(+3900円)
80万円	1万5100円	(±0)	1万5100円	(±0)
平均	**8万6100円**	**(+4100円)**	**8万7200円**	**(+5200円)**

後期高齢者への医療給付費の財源

公費(税金)	現役世代の支援金	後期高齢者の保険料
5割	4割	1割

比率UP

(注)窓口負担除く。カッコ内は2022年度比で、25年度は2年度分の合計
(出所)「医療保険制度改革について」(厚生労働省)を基に東洋経済作成

裕福なシニアは負担増に

後期高齢者の保険料は、現状では、①全員が負担する均等割（世帯の所得が一定以下の場合には7割・5割・2割の3段階で軽減）、②所得に応じて負担する所得割、という2つで構成されている。

年収1000万円以上あるような高所得の高齢者は、所得割は無制限ではなく上限が決まっている。保険料負担は年67万円が上限とされ、これが賦課限度額と呼ばれている。一方で、国民健康保険（国保）における賦課限度額は、年85万円である。

そこでできるだけ国保と均衡させるという観点から、後期高齢者の保険料の賦課限度額を年80万円まで引き上げることにした。ただ、こちらにも経過措置が設けられ、24年度に年73万円、25年度に年80万円の2段階とする。

前の図で示したように、年収1100万円の高所得の後期高齢者（全体の約1％）であれば、今の保険料の年67万円は、2年後に13万円増の年80万円になる見込みだ。年収400万円の人なら、年21万7300円から1万4000円増の年

23万1300円になる。平均では年8万2000円から5万2000円増の年8万7200円。トータルでは後期高齢者の4割以上が負担増の影響を受けるという。

他方、低所得の高齢者に対する配慮から、現行制度では1対1となっている均等割と所得割の比率について、48対52程度へと所得割のウェートをより高める。これによって低所得層の保険料負担が増えないようにした。

ちなみに今回は後期高齢者にスポットが当たったが、被用者保険間の格差是正も長年の課題になっている。中小零細企業が主体の協会けんぽと他の健保組合で利害が対立している図式は変わらない。かかりつけ医の認定制や登録制など制度整備も進まなかった。

膨張する一方の医療費に対して、どう効率化し抑制していくか。いずれにしても、後期高齢者の被る負担が重くなる流れは、今後も間違いなさそうだ。

牧　潤二（まき・じゅんじ）
1950年生まれ。東京経済大学経済学部卒業。82年独立し牧事務所を開設。医療保険や診療報酬制度等について行政関係の動きを取材・執筆。著書に『官報の徹底活用法』など。

高額療養費制度が身近になる

医療ジャーナリスト・牧　潤二

がんなどで高額な医療費が必要なとき、経済面で助けになってくれるのが高額療養費制度だ。例えばかかった医療費のうち、医療保険からの給付を除く窓口負担が全体の3割とすれば、2割が高額療養費として払い戻され、自己の負担は1割で済む、という具合である。

実はこの高額療養費制度がマイナ保険証によって、より使いやすいものになろうとしている。

改めて高額療養費制度を説明すると、1カ月に支払った医療費の自己負担分が一定額を超えた場合、超えた分が高額療養費として、健康保険組合などから支給される仕組みである。２０１９年度には６０９０万件の支給実績があるが、うち半分以上は後期高齢者（７５歳以上）に対するものになっている。

高額療養費は１カ月を単位としているので、１２カ月で割った件数が実態とみられる。１件当たりの支給額の平均は４万４３９９円。現役世代（６９歳以下）が加入する協会けんぽ、組合健保などでは１件１１万円を超えており、その経済的意義がわかろう。

自己負担の限度額は、①６９歳以下、②７０～７４歳、③７５歳以上という年齢階級と、収入あるいは所得によって区分される。２０２２年９月まで、②と③は基本的に同じで、区分する必要はなかった。

ところが、２０２２年１０月から後期高齢者の一部に医療費の２割負担が導入されて、局面が変わる。大幅な負担増を緩和するため3年間の経過措置として、２割負担の人たちの外来での負担増が最大でも月３０００円までに収まるよう、高額療養費の新たな仕組みが導入されたのである。

がん手術でも8万円台

69歳以下の現役世代の場合、1カ月の自己負担の限度額は、年収で5区分に分けられた。世帯ごとの1カ月の自己負担限度額を示すと、

【年収約1160万円～】25万2600円＋（医療費－84万2000円）×1％

【年収約770万～約1160万円】16万7400円＋（医療費－55万8000円）×1％

【年収約370万～約770万円】8万0100円＋（医療費－26万7000円）×1％

【年収約370万円以下】5万7600円

【住民税非課税者】3万5400円

一般的な年収の約370万〜約770万円であれば、1カ月の上限は「8万0100円＋（医療費－26万7000円）×1％」という定型の計算式ではじき出す。ざっくりいえば、1カ月の医療費が26万7000円（自己負担8万0100円）を超えれば、超えた分の医療費の自己負担は1％でよい。

高所得者でも基本的な考え方は同じだが、医療費の基準が上がってくる。年収約770万〜約1160万円であれば、計算式は「16万7400円＋（医療費－55万8000円）×1％」となる。

では実際に高額療養費で自己負担はどれくらい抑えられるのか。例えば、手術そのものの医療費は、肺悪性腫瘍手術（部分切除）が60万3500円、胃全摘術（悪性腫瘍手術）が69万8400円。比較的多いがんの手術では、薬剤や検査の費用、入院料などを含めると、医療費としては約100万円を想定しておく必要がある。

その100万円の医療費に適用される高額療養費について、年収約370万〜約770万円の人のケースを基に、自己負担の限度額がいくらか計算してみよう。

計算は「8万0100円＋（100万円－26万7000円）×1%」だから自己負担の限度額は8万7430円。本来であれば、医療費100万円の自己負担（3割負担）は30万円だが、実際の自己負担は8万7430円でよいわけだ。つまり、その差額である21万2570円が高額療養費として、自分の加入する健保組合から支払われることになる。

もっとも、高額療養費を負担するのは自身が加入する健保組合などであり、いずれ保険料の引き上げで跳ね返ってくるおそれがあることも、留意しておきたい。

マイナ保険証で認定証を提示したと同じ

ここまで高額療養費制度について説明してきたが、実際の活用法について確認しておこう。方法は①現物給付と②現金給付の大きく2つある。

◆ 現物か現金かを選択。各種の負担軽減も
―高額療養費制度の体系と仕組み―

	手続き等
① 現物給付（一定の限度額まで支払う）	限度額適用認定証等を提示（低所得者の場合）→医療費の高額が予想される場合に第1選択
② 現金給付（一度自己負担分をすべて支払う）	事後に健保組合等に高額療養費の払い戻しを申請

	内容
①基本	1カ所の医療機関に入院か通院。所得によって1カ月の自己負担の限度額が決定
（世帯合算）	本人の複数回の受診、同世帯で同じ医療保険の加入者の受診で自己負担を合算し、一定額を超えた場合
②多数回該当	過去1年間に3回以上、自己負担の限度額に達した場合、4回目から限度額が下がり、負担を軽減
③高額介護合算療養費	1年間、医療保険と介護保険の自己負担の合算が高額な場合、負担を軽減

（注）上表で医療費が高額な場合は①が第1選択。下表で③は介護保険制度の高額医療合算介護（予防）サービス費と内容が同一

①現物給付では、「限度額適用認定証」を医療機関に提示、支払いは自己負担限度額までとする。

②現金給付では、いったん医療費の自己負担分をすべて支払い、事後に健保組合などに高額療養費の払い戻し（還付）を申請する。

低所得者で1カ所の医療機関で診てもらっており、医療費がかかりそうなら、①で限度額適用認定証を提示する一択だ。現在は限度額適用認定証について、加入する健保組合などに交付を申請、医療機関に提示するよう一般に広報されている。手続きは簡単でない。

それがマイナ保険証（健康保険証と関連付けしたマイナンバーカード）で高額療養費制度も使いやすくなる。

まず医療機関にある顔認証付きカードリーダーで、自分自身でマイナ保険証を使い被保険者であることを確認する。その際、画面に「高額療養費制度を利用」の表示が出たら、「限度額等に関する情報提供」に同意すればよい。

これで、医療機関に限度額適用認定証を提示したのと同じことになり、限度額を超える支払いはしなくても済む。

一方、マイナ保険証を持っていなくても、医療機関の窓口において、口頭で情報提供に同意すればよいだけである。もっとも、自分が行く医療機関や薬局がマイナ保険証に対応（マイナ受付）していなければ、事前に限度額適用認定証を申請するところから始めなければならないが……。

高額療養費制度は海外にも誇れる日本固有の制度だ。高齢化が進む中、マイナ保険証に限らず利用できるものは利用し、いざというときに備えたいものである。

保険料増、自己負担2割を拡大へ

介護保険　負担増は既定路線

介護福祉ジャーナリスト・田中　元

介護保険制度が2000年4月にスタートして23年。高齢者人口の増加とともに介護ニーズも伸び続け、保険サービスの利用者数は制度創設から3・5倍、介護保険の給付費・事業費の総額も3倍超になっている。

当然ながら40歳以上の国民が負担する保険料の平均も急伸している。制度創設時との比較で、40〜64歳（第2号被保険者）の保険料は約3・3倍、65歳以上（第1号被保険者）は約2倍。こうしてみると現役世代のほうが保険料負担の伸び率は大きい。

今後は第2号被保険者を含む生産年齢人口がさらに減少する。ここに65歳以上人口の増加が加われば、現役世代の負担はさらに増し、保険料を折半する企業の負担も増え続けることになる。

岸田文雄内閣は目下、全世代型社会保障の構築を進めている最中だ。2022年末に出された構築会議の報告書では、高齢者は「支えられる世代」という固定観念を払拭し、「負担能力に応じて、全ての世代で、公平に支えあう仕組み」の強化を打ち出した。

介護保険で言えば、高齢者でも資産能力に応じた負担（応能負担）をいっそう求めていくことが、暗に示されている。保険料負担だけでなく、高齢者がサービスを利用した際の自己負担（所得に応じて1～3割）の基準、給付範囲の見直しなども視野に入る。

介護保険制度の改革サイクルは3年に1度。次の改革は24年度となるが、その直後には、団塊世代が全員75歳以上を迎える25年が訪れる。同じ高齢者でも65～69歳と75～79歳とでは、介護の必要度を示す要介護認定率が後者では10ポイント近く高まるという。介護ニーズのさらなる増大に向けた対応は必須なのだ。

そのタイミングに向けて、2022年に厚生労働省の社会保障審議会・介護保険部会は24年度の改正、制度のあり方をめぐる議論を行ってきた。とくに紛糾したのが、被保険者・利用者の負担の増加、給付の範囲にかかる論点だ。

反発懸念、結論を先送り

2024年度以降に見込まれる制度改革のスケジュールを示そう。

【24年度見直しが濃厚】

①高所得者（65歳以上）の介護保険料をアップへ

②サービス利用時の2割負担者の対象拡大へ

③介護老人保健施設の相部屋（多床室）に室料負担導入へ

【27年度見直しの可能性】

④ケアプランの作成を有料化へ

⑤要介護1・2の一部サービスを市町村事業に移行へ
⑥介護保険施設への補足給付で資産把握を厳格化へ

6つのポイントのうち、財務省や経済団体が実現を強く求めるものがある一方で、当事者団体などからは「負担増でサービスの利用控えが生じ、重度化が進み、かえって財政負担が増す」といった反発が激しくなっている。

現在、急速な物価上昇を受けて、主に年金生活者である高齢者層の多くは負担の増加に敏感だ。2022年10月から、75歳以上の後期高齢者の医療費窓口負担の引き上げ（2割負担の導入）が実施されたが、政権内ではその影響を見極めようとする空気もある。

岸田内閣の政権基盤が決して盤石とはいえない中、いずれの論点も22年中には明確な結論が出されず、一部は次の27年度以降まで持ち越されることになった。

遅くとも2023年夏までに結論を得て実現する場合、24年度からと想定されるのが次図の1〜3だ。

24年度 見直しが濃厚

1

高所得者(65歳以上)の介護保険料をアップへ

高所得者(年収320万円以上)

現在　月1万0224円
※保険料月6014円×乗率1.7倍

➡見直し後　月1万2268円
※保険料月6134円×乗率2.0倍想定
(過去の平均保険料の上昇率を基に計算)

…月2000円以上アップ?

低所得者(年収80万円以下)

現在　月1804円
※保険料月6014円×乗率0.3倍

➡見直し後　月1533円
※保険料月6134円×乗率0.25倍想定

…月270円程度ダウン?

2

サービス利用時の2割負担者の対象拡大へ

1割負担

現在　年金収入等280万円未満
➡見直し後　年金収入等200万円未満

2割負担(一定以上の所得)

現在　年金収入等280万円以上
➡見直し後　年金収入等200万円以上

…対象を80万円下げて拡大?

3割負担(現役並み所得)

現在　年金収入等340万円以上
➡見直し後　年金収入等340万円以上のまま
(将来引き下げの可能性も)

※いずれも単身世帯。見直し後は後期高齢者医療制度に準じる場合

3

介護老人保健施設の相部屋(多床室)に室料負担導入へ

介護老人保健施設の相部屋の室料

現在　無料(水道光熱費のみ負担)
➡見直し後　月1万5000円

…月1万5000円上乗せ?

まず（1）は「65歳以上が負担する1号保険料」について。ここで応能負担を強化するため、所得に応じた保険料の乗率（倍率）の段階を増やし、高齢者の生活実態に合わせやすくする。最も高所得の段階の乗率を引き上げ、逆に低所得の段階を引き下げる。

現行では国が定める標準段階は9段階で、市町村ごとに柔軟に設定ができる仕組み。ところが、標準段階を採用している市町村は5割未満にすぎず、国の標準段階は地域の実態に合わなくなっていることから、この案が浮上した。

（2）は「65歳以上におけるサービス利用時の負担割合」について。負担割合は所得に応じサービス料金の1～3割となっているが、このうち2割負担の範囲を拡大するかが論点となっている。現行で2割負担者は単身の場合で年金収入など280万円以上となっているが、後期高齢者医療の窓口2割負担の基準が年金収入等200万円以上なので、それに合わせるのではとの見方がある。

（3）は、「介護老人保健施設（老健）や介護医療院などの多床室（相部屋）」について、室料負担を求めるか否か。現行でも、水道光熱料は保険給付外の自己負担になっているが、室料はサービス料に含まれている。これを保険給付から外し、特別養護老人ホームと同じ、全額自己負担（所得によって上限あり）とする案である。

以上、（1）～（3）について2023年夏までに結論を出す目論見だが、ここに問題がある。過去の制度改正を見ると、施行の前々年までに結論を得て年明けの通常国会で審議し、夏までに法制化する流れになっていた。介護保険の保険者になる市町村には、一定の準備期間（保険料の段階設定や住民への周知など）が必要なためだ。

結論の先送りによって実質半年ほどずれ込むと、地方行政はもとより、周知不足で当の高齢者にとっても混乱が生じかねない。22年の審議会と同様に議論が紛糾すれば、（1）～（3）について23年夏までに結論は出ず、再び先送りになる可能性もゼロではない。24～26年度の財政負担をどう補うかという模索も強まるだろう。

この場合、事業者が戦々恐々としているのが、24年度の介護報酬引き下げである。コロナ禍での利用者減、人材不足を補うための人件費の上昇で、介護事業者の倒産・撤退が鮮明となっている。そうした中で介護報酬が引き下げられれば、地域の介護サービスの資源が枯渇するおそれも出てこよう。

ケアプラン作成も有料?

そしてこうした状況の先にあるのが、次の3年後になる27年度をターゲットとした改革だ。その論点が次図の(4)~(5)になる。

27年度 見直しの可能性

4

ケアプランの作成を有料化へ

要介護3で所得に関係なく1割負担となる場合

現在 無料

➡見直し後 月約2000円

…月約2000円発生？

※(要介護3の基本報酬月1万3890円+加算8000円)の約1割

5

要介護1・2の一部サービスを市町村事業に移行へ

利用者（1割負担）が支払う月々の料金

現行 月約2200円

➡見直し後 同じかわずかにダウン

…サービスの質低下？

※(1回225円×月8日援助+加算400円) を維持あるいは減額

時期未定だが、27年度 見直しも

6

介護保険施設への補足給付で資産把握を厳格化へ

資産把握をより厳格化

現在 月6万円（給付あり）

➡見直し後 月10.5万円（給付なし）

…補足給付の対象外となった場合

※年金収入等100万円未満の場合

※特養での基準費用、居住費用月6.1万円+食費月4.4万円の場合

（4）は、在宅でサービスを受ける場合の多くで必要となる「ケアマネジャーによるケアプラン作成料など」について、自己負担を発生させるというもの。介護保険のスタートから今まで、この料金は10割給付、つまり利用者負担はゼロ。ここに一定の負担が発生すれば、制度の大きな転換点となる。

（5）は給付範囲の見直しで、「要介護1・2の一部サービスを全国一律の給付から外し、市町村が行う地域支援事業に移行」させる。当面の移行対象に挙がるのが、訪問介護の生活援助（調理、掃除、洗濯などの家事支援）だ。

保険給付も地域支援事業も財源は介護保険によるが、生活援助など地域支援事業の事業費には上限があるため、事業者への報酬額が低くなる可能性がある。一方で、人員基準が緩和され、専門の研修を受けない従事者でもサービスを提供できる。そこで懸念されるのがサービスの質の低下である。

すでに要支援1・2の訪問介護・通所介護は地域支援事業に移行しているが、一定の介護を要する認知症の人の割合は要介護1・2で8〜9倍に高まる。そうした利用者を、人員基準の緩和されたサービスで支えられるのか、という課題も指摘されている。

一方、（6）はスケジュールが定められていないが、「特養などに入った場合の室料や食費の負担上限」に関わる。低所得者の場合、標準額と上限設定の差額は、補足的に給付される。認定基準には所得のほかに預貯金額が勘案されるが、その把握を精緻化するというものだ。マイナンバーと預貯金口座をひもづけするなどの動き次第で検討が加速する可能性があろう。

どちらにしても介護保険の利用者にとっては厳しい内容の改革となる。まずは直近の介護保険料や自己負担割合がどうなるか。23年夏までの議論に注目したい。

田中　元（たなか・はじめ）

1962年生まれ。立教大学法学部卒業。出版社勤務を経てフリー。高齢者の自立・介護分野を中心に活動。著書に『認知症で使えるサービス・しくみ・お金のことがわかる本』など。

年金額が増え老後も安心

パートでも厚生年金に加入できる

社会保険労務士・井戸美枝

厚生年金に加入できるのは、何も正社員だけではない。一定の条件を満たせば、パートやアルバイトなど、短時間労働で非正規雇用の人も加入は可能。加入条件は徐々に緩和され、今後も緩和されていく見込みだ。

具体的には2022年10月から、

①従業員が101人以上の企業に勤務している
②雇用期間が2カ月超見込まれる
③賃金が月収8万8000円・年収106万円以上
④1週間当たりの労働時間が20時間以上

の条件がそろえば、雇用形態にかかわらず、厚生年金へ加入できることになった。

それまでの条件が「従業員数が501人以上の企業に勤務していること」と「雇用期間が1年以上見込まれること」だったから、改正された結果、グッとハードルが下がっている。厚生労働省によると、これで厚生年金の加入対象者は65万人増えたという。

さらに2024年10月からは、従業員数が51人以上の小規模企業まで対象になる。将来的には従業員数の条件をなくすことも議論されており、加入対象者数はますます増える可能性があるだろう。

◆ 中小企業のパートも入れるようになる
―厚生年金への加入条件の推移―

条件	～2022年9月末	22年10月～	24年10月～
従業員数	501人以上	101人以上	51人以上
雇用期間	1年以上	2カ月超	2カ月超
賃金	月収8.8万円／年収106万円以上	月収8.8万円／年収106万円以上	月収8.8万円／年収106万円以上
週所定労働時間	20時間以上	20時間以上	20時間以上

(注)従業員数とは、フルタイムと、労働時間がフルタイムの4分の3以上の従業員
(出所)各種資料を基に筆者作成

ちなみに短時間労働者の内訳は、会社員の妻など第3号被保険者が26・9％、自営業や個人事業主（フリーランス）などの第1号被保険者が44・6％、その他60歳以上が28・4％となっている。

負担以上に年金が増える

このうち改正で最も影響を受けるのは、会社員の社会保険の扶養内で働く人がいる世帯だ。

配偶者（夫）が会社員で、パート・アルバイトとして働いている人（妻）という典型的なパターンでは、年収106万円を意識し、勤務時間を調整する人も多いのではないか。年収が106万円以上になると扶養から外れ、社会保険被保険者本人となり、厚生年金や健康保険に加入することになる。保険料を支払った結果、最終的な手取りは減ってしまう。

次表に年収の手取りを比較した一覧を示した。年収106万円の場合、厚生年金の保険料は月8052円・年間9万6624円だ（勤務先と折半後の自己負担）。年収130万円の場合、年金の保険料は月1万0065円・年間12万0780円になる。

◆ 年収106万円だと手取りは90万円超

—年収と手取りの比較—

年収	所得税・住民税	健康保険料	厚生年金保険料	雇用保険料	手取り
106万円	5000円	5万1792円	9万6624円	5280円	90万1304円
130万円	1万5540円	6万4740円	12万0780円	6480円	109万2460円
150万円	3万3330円	7万4160円	13万8348円	7500円	124万6662円
160万円	4万2440円	7万8864円	14万7132円	7980円	132万3584円

(注)2022年12月時点。住民税は東京都目黒区で試算。健康保険料は東京都協会けんぽ40歳未満で試算し、勤務先と折半後の自己負担。厚生年金保険料は勤務先と折半後の自己負担。雇用保険料は自己負担が賃金の0.5%　(出所)各種資料を基に筆者作成

もちろん負担は厚生年金の保険料だけではない。年収が上がれば、健康保険や雇用保険など他の社会保険料、さらに税金も増える。概算だが、年収106万〜130万円の人であれば、社会保険料の負担は年間約15万〜19万円程度で、税負担はおおむね年5000〜1万5000円弱と考えておきたい。

ただし、目先の手取り収入が減るとはいえ、社会保険に加入するメリットは大きい。厚生年金は納めた金額や期間によって、将来受け取る年金の額が増えてくるからだ。年収106万円（月収8万8000円）の人が厚生年金に1年間加入すると、65歳以降に受け取ることのできる年金が年間5400円アップする。

しかも、増えた公的年金は終身受け取れる。税負担などを考慮せず単純計算すると、例えば受給後に18年間生きたとして、受け取る厚生年金は年5400円 × 18年間 ＝9万7200円。一方、厚生年金の保険料は年約9万6000円なので、支払った保険料より多くの年金を受け取ることになる。

2021年時点で日本人の平均寿命は男性が81・47歳、女性が87・57歳。65歳から受け取りを開始すると、男性は平均16年間、女性は平均22年間、年金を受け取る計算になる。少なくともより長生きする女性は厚生年金に加入するメリットがあるといえるだろう。

年金は長生きすることに備える保険だが、その理念に沿った設計になっていることがわかる。そのうえ厚生年金に加入すれば受けられる年金の範囲も広がる。

厚いセーフティーネット

年金というと老後に受け取る老齢年金のみが注目されがち。しかし、病気やケガで一定以上の障害を負った際には、障害年金を受給できる。

障害年金は傷病名に関わりなく、実はがん治療の副作用、精神疾患も対象になっている。働きたくても働けず、つらい状態のときには大いに役立つはずだ。

その障害年金には、障害基礎年金と障害厚生年金がある。このうち障害厚生年金は、厚生年金に加入している人だけが受け取ることができるもの。障害基礎年金は1級と2級の区分までだが、障害厚生年金には、障害度の低い3級の区分や障害手当金まである。年金の額も障害厚生年金のほうが手厚い。

◆ 障害厚生年金を受けられるかは大きい
—障害基礎年金と障害厚生年金の違い—

等級	障害基礎年金	障害厚生年金
1級	年97万2250円（＋子の加算）	報酬比例の厚生年金×1.25＋配偶者加給年金22万3800円＋年97万2250円（＋子の加算）
2級	年77万7800円（＋子の加算）	報酬比例の厚生年金＋配偶者加給年金22万3800円＋年77万7800円（＋子の加算）
3級	なし	報酬比例の厚生年金（最低保証 58万3400円）
障害手当金	なし	報酬比例の厚生年金×2年分（最低保証116万6800円）

（注）2022年度。子の加算は18歳未満の子がいる場合、1人目・2人目まで1人当たり年22万3800円、3人目以降は年7万4600円が加算される。障害手当金は一時金　（出所）各種資料を基に筆者作成

さらには、生計を支える扶養者が亡くなったときを考えて、遺族に支払われる遺族年金も知っておいたほうがいい。

遺族年金にも遺族基礎年金と遺族厚生年金の2つがある。典型的なパターンとしては、厚生年金に加入していた人（夫）が先に亡くなった場合、遺族（妻）に支給される。

ただ、遺族基礎年金は、子どものいない配偶者には支給されないなど、遺族の範囲は限定的だ。一方、遺族厚生年金は、夫・妻ともに子どもの有無にかかわらず、支給対象の遺族に含まれるなど、範囲は広い。年金の額も遺族厚生年金のほうがやはり手厚い。

このように保険料を支払うことで、目先の手取りは減るものの、厚生年金をはじめ社会保険に加入するメリットがあることも、また事実。健康保険に加入すれば、ケガで休んだときに通算1年6カ月受け取れる傷病手当金や、産休中の収入減をサポートする出産手当金を受け取ることもできる。

もちろん今の手取りが減ることは厳しい。支払った保険料の分だけ、はたしてメリットがあるのか、考えてしまうだろう。だが、社会保険は、あくまで「保険」であって、もしものときに備えるもの。本当に必要なのかと考える気持ちもわかるが、万が一の際に大きな助けになることもまた事実だ。

とくに公的年金は長生きにともなう負担に対する保険である。厚生年金への加入で上乗せされた年金は一生涯受け取れる。寿命が延び、いつまで生きるかわからない将来だからこそ、年金を少しでも増やして安心しておきたい。

（執筆協力：ファイナンシャルライター・瀧　健）

井戸美枝（いど・みえ）

兵庫県生まれ。ファイナンシャルプランナー、社会保険労務士。身近な経済や年金・社会保障が専門。著書に『一般論はもういいので、私の老後のお金「答え」をください！増補改訂版』など。

iDeCo併用で千万単位が無税に

新NISAの大盤振る舞い

JOYnt代表　プロデューサー、ライター・鈴木雅光

2023年度税制改正を受けて、新たなNISA（少額投資非課税制度）がかつてないほど、注目を浴びている。防衛増税など批判が多い中、NISAだけは歓迎されうる項目だ。

振り返ると2014年1月1日にスタートしたのが、現行のNISA（一般NISA）である。その後2016年4月には「ジュニアNISA」が誕生。18年1月からは「つみたてNISA」が始動した。

一般NISAの場合、非課税期間は5年間で、新規投資ができる期間は23年12月末まで、という時限措置だった。始まった当初こそ「利用者が増えれば、非課税期間

や投資可能期間が延長される」と考えられていた。

しかし、そもそも国民の長期的な資産形成を目的に創設されたものなのに、一般NISAは当初の狙いと違う利用のされ方が主流になる。年間投資額で120万円が設けられているが、積み立てを前提としないことから、株やレバレッジ型など、リスクの高い商品に一括投資する人が増加。大きく儲けた分を非課税で受け取る使い方が増えていったからだ。

葬られた2階建て構想

これに不満を抱いた金融庁が本腰を入れ、個人の長期資産形成に資する制度として2018年から本格的に開始されたのが、つみたてNISAである。年間投資額を40万円に抑える一方、非課税期間を20年間と長期にした。金融庁としては、つみたてNISAを拡充する一方、一般NISAは徐々にフェードアウトさせたい、という意向があったと思われる。

20年度の税制改正大綱に盛り込まれたのが、両NISAを統合した、いわゆる2階建てのNISA。2023年末で終わる一般NISAに代わる構想として検討された。しかし、積み立て投資をした人だけが個別株に投資できるという、2段階の仕組みが複雑すぎたため、業界内外の不評を買う。うがった見方をすれば、あえて使い勝手を悪くすることで、国民の目をつみたてNISAに向ける狙いがあったと考えられなくもない。

2022年6月時点の利用状況を見ると、一般NISA、つみたてNISAで、計1703万口座。一般NISAは半数以上が60代以上の高齢者であり、対照的につみたてNISAは、半数以上が積立期間を長く取れる30代と40代になる。つみたてNISAのほうはETF（上場投資信託）が最多を占める。

一般NISA、つみたてNISAを合わせた投資総額は約28兆円だが、うち10・9兆円は一般NISAで買われた上場株。もし一般NISAの使い勝手が悪くなり、利用しない動きが広まれば、非課税期間が終了する24年末にかけて、株の売り圧力が強まるおそれが生じる。証券業界が一般ＮＩＳＡの動向に対し、過敏になったとしても何ら不思議ではない。

そこへ降って湧いたように起こったのが、２０２２年5月に英金融街シティーのギルドホールで行われた、岸田文雄首相の基調講演だ。「ＮＩＳＡの抜本的拡充、国民の預貯金を資産運用に誘導する新たな仕組みの創設など、政策を総動員して『資産所得倍増プラン』を進めていく」と宣言したのをきっかけに、制度のさらなる見直しが一気に検討されていった。政府は今後5年間で、３４００万口座、投資総額５６兆円まで倍増すると述べた。

金融庁にも並々ならぬ意欲がうかがわれる。霞が関の慣行として、一度決めた法案を施行前に廃案にし、新しい法案を立案することなど、ありえなかった。だが結果として、２階建てのＮＩＳＡは完全に廃案となり、今回の「新ＮＩＳＡ」登場と相なったのである。

新ＮＩＳＡが２０２４年から始まることによって、従来の一般ＮＩＳＡ、つみたて

NISAへの新規投資期間は、23年12月末をもって終了。その代わりに24年1月からは新NISAでの非課税投資が可能になる。従来の一般NISA、つみたてNISAの延長線上にあるものではなく、完全なゼロベースでのスタートである。

夫婦で5000万円超も

新NISAの目玉は、非課税期間や新規投資期間の恒久化もさることながら、生涯投資額が1800万円まで大幅に拡大されたことだ。従来の限度額である一般NISAの600万円、つみたてNISAの800万円からすれば大幅アップで、制度としては十分魅力的になったと考えられる。

新NISAばかりではない。この新NISAに、iDeCo（個人型確定拠出年金）も併せて活用すれば、最大でいくらまで非課税運用が可能になるのか。

掛け金や運用益などに税金がかからないiDeCoは、現状で20歳から65歳未満まで加入できるのだが、23年度の税制改正を反映して、加入可能年齢は70歳未満まで延長される（24年の財政検証に合わせて財政上の措置が取られる見込み）。年金を受け取るのは60歳から可能である。

例えば、企業年金のない会社員が毎月2万3000円（上限）ずつiDeCoで30年間積み立てると、計828万円。同じ期間、新NISAの生涯投資額1800万年をすべて使い切って積み立てると、非課税の運用額は計2628万円になる。夫婦で同じことをすれば、何とトータルで5256万円が非課税になるのだ。

実際、70代以上で2人以上世帯の平均貯蓄額は1200万円程度であることを考えれば、かなり広範な人たちが非課税で資産形成できると考えてよいだろう。

2022年9月末、日本の個人金融資産2005兆円のうち、54・8%が現預金で保有されている。これから新NISAとiDeCoが普及していけば、意外に現預金から投資信託への資金シフトが起こる可能性も高まりそうだ。

「消費増税を将来やるときには少子化対策を最優先する」

自民党税制調査会顧問　前幹事長・甘利　明

税制を舞台に政権与党である自由民主党が揺れている。防衛費の財源をめぐっての防衛増税の是非は党内を二分する様相だ。反面、負担だけでなく、NISA（少額投資非課税制度）の大幅拡充、スタートアップ支援など、国民にとって歓迎すべき政策が日の目を見たのも事実。2023年度税制改正大綱にも深く関わり、党税制調査会で長く議論をリードしてきた甘利明議員を直撃した。

――今回は税制改正大綱が出来上がるまでに、例年以上に党内で議論が沸騰しました。

社会が何十年に一度という変化の時期を迎えているのが今だ。DX（デジタルトランスフォーメーション）の話は進み、温暖化ガス排出ゼロを掲げる2050年まで、

GX（グリーントランスフォーメーション）の課題も控えている。

これを政策的にどう対応するか、その裏打ちとして税制はどうあるべきか、考えなければいけない。インターネットがWeb3・0へと移行する中、従来は存在しなかった商取引や媒介手段が現れ、制度としてどうするか大きな節目を迎えている。税制が旧態依然では大変革についていけず、大綱ではあえて問題を提起した。

前回から引き続き、本来であれば大綱に記す必要がない「日本経済の失われた30年」に触れたのも、変化に対応せよという警鐘を鳴らしたつもりだ。

お金にも働いてもらう

――NISAの抜本的拡充が打ち出されました。貯蓄から投資へと市場の裾野を広げるテーマです。

誤解されているようだが、総理（岸田文雄首相）は所得を増やせと言っているが、正確には「資産倍増」を掲げている。その原点とは、企業の内部留保や個人の金融資産は増えていても、投資には回っていないことに尽きる。企業や個人が一生懸命働くように、お金にも投資という形で働いてもらうことが根底にある。
新しいＮＩＳＡではコツコツ積み立てて投資をする「つみたて投資枠」を設けた。毎月定額で積み上げていけば値が下がっても買い値は平均化される。現在のつみたてＮＩＳＡの年間投資額は４０万円。税調では、１２（カ月）で割れる数字にしてほしいと要望した結果、年１２０万円に落ち着いた。
他方、長いライフサイクルにおいては、ボーナスが入るなど資金面で余力が生まれたときに集中投資する、「成長投資枠」も設けている。２つ併せて生涯投資額１８００万円の枠内なら、投資による利益には無期限で無税だ。これを定着させる。総理も一時的な制度にしないことにこだわっていた。

――スタートアップ支援では、創業者やエンジェル投資家が再投資した際の売却益の課税について、２０億円まで免除します。

スタートアップには商品やサービスを事業化する時点で資金が枯渇する「死の谷」と呼ばれるフェーズに直面することがある。その谷を埋めるためＶＣ（ベンチャーキャピタル）はあるが、国内の規模は小さいうえにハンズオン（伴走型）の人材も少ない。大型の国際ＶＣとハンズオン人材による目利きを生かす仕組みが必要だ。
片や欧米だと成功者が次のスタートアップを作り、米国では初期段階に出資すると、売却益課税が年１０００万ドル（約１３億円）まで免除される「ＱＳＢＳ」という制度がある。日本では２割課税されてきたが、ＱＳＢＳと同様の制度を創設、スタートアップへの資金供給を強化する。上限は米国を上回る２０億円にした。これを通じ日本のポテンシャルを生かしたい。

――年間所得が30億円超の富裕層に最低負担措置を導入します。高所得なのに税負担が低い「1億円の壁」を是正する一環ですか。

欧米に比べて日本の金融所得課税の約２０％は低い水準といえる。だから税率を上げるのではなく、国際標準に向かうという考え。年間所得１億円がある人には、不動産の売却益などによる一時所得もよく見られる。（算式としては）年間所得から３・３億円を引き、上限２２・５％の税率をかけるのだが、これは所得税の最高税率４５％の半分という意味だ。
（３０億円のハードルを下げて対象を広げることは）なかなか難しい。今、最も大事なのは、デフレの脱却である。日本は原油高と円安のダブルで物価が高くなっているが、そういった表向きの要因を落とすと、まだ目指すべきところには到達していない。欧米の後についているように見えるが実際には周回遅れで、デフレ脱却にどんな影響があるかを見ながら進める。投資にマイナス要因になることはなるべく避けたい。

償還延長では解決しない

――防衛力強化のための財源確保には歳出削減などで捻出できない分を増税で賄う方針です。与党内では国債の60年償還ルールを延長する案も浮上していますが。

償還期間を延ばすのは解決策のように見えて借金が減るわけではない。下手をすると増えるかもしれないので解決策といえない。

財源確保には増税のほかに歳出削減も挙げているが、毎年2000億円ずつ積み上げなければならない。かつて、3年間で社会保障費の自然増5000億円を抑え込んだ当事者から言うと、5年間で1兆円を削減できるのか。決算剰余金の半分を活用するというが、そうすると補正予算の原資がなくなる。国有財産も毎年売却できるほど保有していない。財源の確保は容易でなく、進めるうちに「防衛費がＧＤＰ比２％まで達しなかったがやるだけはやった」、ということになるかもしれない。

もっとも、燃料確保や部品供給など、有事の際に戦闘を継続する継戦能力を考えると、自衛隊の装備は大いに欠落している。戦前から使っている隊舎は耐震強度が低く、地震に襲われると救援には向かえないかもしれない。こういった現実を国民の皆さんに提示することが必要だろう。

――岸田首相は子ども関連予算の倍増に言及しています。財源に消費増税も噂されますが、どう確保すればいいと考えますか。

総理自身は消費増税を考えていないと思う。消費税を上げずに済む（財政）運営がベースにあり、それが日本の信用力の裏打ちにもなっている。消費税率が低いということは、借金を返済し、信用力があることを意味するからだ。

ただし、将来どうしても消費税の税率を引き上げるなら、社会保障分野のうち、少子化対策は最重要となる。（消費増税を）積極的に推進するわけではないが、未来永劫上げないのかと言われれば、それは状況次第になるだろう。
その際に支出のプライオリティーは少子化にあるということだ。たとえそういった時代が訪れるとしても、消費を冷やさずに上げる方法について、政府は全力投球で考えなければならない。

（聞き手・大野和幸、大正谷成晴）

甘利　明（あまり・あきら）
1949年神奈川県生まれ。72年慶応大学法学部政治学科卒業後、ソニー入社。父・甘利正氏の秘書を経て、83年衆議院議員選挙で初当選。以後、政府では労働相や経済産業相、経済財政担当相、衆議院では予算委員長、党では政調会長、選挙対策委員長、税制調査会長、幹事長などを歴任。当選13回、神奈川13区。税制だけでなく、経済安全保障やエネルギーなど政策通でも知られる。

【週刊東洋経済】

本書は、東洋経済新報社『週刊東洋経済』2023年2月4日号より抜粋、加筆修正のうえ制作しています。この記事が完全収録された底本をはじめ、雑誌バックナンバーは小社ホームページからもお求めいただけます。

小社では、『週刊東洋経済eビジネス新書』シリーズをはじめ、このほかにも多数の電子書籍ラインナップをそろえております。ぜひストアにて**「東洋経済」で検索**してみてください。

『週刊東洋経済eビジネス新書』シリーズ

No.424　物流ドライバーが消える日
No.425　エネルギー戦争
No.426　瀬戸際の地銀
No.427　不動産争奪戦

No.428　インフレ時代の資産運用＆防衛術
No.429　人口減サバイバル
No.430　自衛隊は日本を守れるか
No.431　教員不足の深層
No.432　ニッポンのＳＤＧｓ＆ＥＳＧ
No.433　独走トヨタ　迫る試練
No.434　変わる相続・贈与の節税
No.435　東芝の末路
No.436　食糧危機は終わらない
No.437　ゼネコン　両利きの経営
No.438　すごいベンチャー２０２２〔前編〕
No.439　すごいベンチャー２０２２〔後編〕
No.440　宗教　カネと政治
No.441　岐路に立つ鉄道

No.442　学び直し全ガイド
No.443　米中　大動乱
No.444　高揚するコンサル　したたかな弁護士
No.445　半導体　復活の足音
No.446　氾濫するＰＲ
No.447　総孤独社会
No.448　認知症　全対策
No.449　武器としての名著
No.450　世界と日本の焦点　２０２３
No.451　マンション　熱狂と盲点
No.452　日銀　宴の終焉
No.453　ＮＨＫ　受信料ビジネスの正体

週刊東洋経済eビジネス新書　No.454
大増税時代の渡り方

【本誌（底本）】
編集局　大野和幸、宇都宮　徹
デザイン　ｄｉｇ（成宮　成、山﨑綾子、峰村沙那、坂本弓華）
進行管理　半澤絹子、平野　藍
発行日　２０２３年２月４日

【電子版】
編集制作　塚田由紀夫、長谷川　隆
デザイン　市川和代
制作協力　丸井工文社
発行日　２０２４年５月１６日　Ver.1

発行所　〒103-8345
東京都中央区日本橋本石町1-2-1
東洋経済新報社
電話　東洋経済カスタマーセンター
03（6386）1040
https://toyokeizai.net/
発行人　田北浩章

電子書籍化に際しては、仕様上の都合などにより適宜編集を加えています。登場人物に関する情報、価格、為替レートなどは、特に記載のない限り底本編集当時のものです。一部の漢字を簡易慣用字体やかなで表記している場合があります。本書は縦書きでレイアウトしています。ご覧になる機種により表示に差が生じることがあります。

※本刊行物は、電子書籍版に基づいてプリントオンデマンド版として作成されたものです。